天津市统计科学研究项目（TJ2023KY28）：
推进绿色低碳发展加快美丽天津建设

组织间的信任交互与跃升

——以基础设施建设项目为例

ZUZHIJIAN DE
XINREN JIAOHU YU YUESHENG
——YI JICHU SHESHI JIANSHE XIANGMU WEILI

王亦虹　著

中国计划出版社
北　京

图书在版编目（CIP）数据

组织间的信任交互与跃升：以基础设施建设项目为例 / 王亦虹著. -- 北京：中国计划出版社，2023.5
ISBN 978-7-5182-1542-3

Ⅰ. ①组… Ⅱ. ①王… Ⅲ. ①基础设施建设—组织管理—研究 Ⅳ. ①F299.24

中国国家版本馆 CIP 数据核字（2023）第 106482 号

策划编辑：赵文斌　　责任编辑：陈　飞
封面设计：韩可斌　　责任印制：李　晨　王亚军
责任校对：杨奇志

中国计划出版社出版发行
网址：www. jhpress. com
地址：北京市西城区木樨地北里甲 11 号国宏大厦 C 座 3 层
邮政编码：100038　电话:（010）63906433（发行部）
北京虎彩文化传播有限公司印刷

787mm × 1092mm　1/16　14 印张　225 千字
2023 年 5 月第 1 版　2023 年 5 月第 1 次印刷

定价：46.00 元

前　言

何谓信任？“信”，诚也，即诚信，是从受信方自身具备的特质而言；“任”，保也，即相信，是施信方选择相信受信方。由此可见，回溯至字源，信任即是一种互动关系。信任的学术研究滥觞于社会学领域对人际间信任关系的探索，并逐渐拓展至心理学、经济学和管理学等多个学科领域，而管理学又将信任的主客体从人际延伸至组织，这就使得对信任的探索从人与人之间的个体范畴跃升到组织与组织之间的系统构面。

信任是如何发挥作用的？即信任的机制问题进一步引发了学者的浓厚兴趣。从信任的建立、维持到提升是一个复杂的交互过程，同时亦是一种嵌入关系的动态治理机制，因而对信任机制的研究各学科领域在关注其特定研究对象的前提下，越来越倾向于相互借鉴研究范式与方法工具，这就使信任与信任机制的相关研究具有愈益显著的多学科交叉特征。

近年来，作为国民经济基础性、先导性、战略性、引领性产业，基础设施建设规模迅猛增长。为降低交易成本，工程管理实践中形成资源积聚、具有双巨头博弈特征的基础设施项目大标段建设模式的“中国方案”。该模式要求交易双方建立较高水平的信任机制——柔性合同设置显示出发包人的主观信任倾向，客观上，基础设施项目建设过程中蕴含的巨大不确定性也需要以高水平信任为前提。

区别于企业等稳定性较强的组织，基础设施建设中的组织大多因项目而生，项目建成即完成使命自然解体，因而此类项目型组织的信任机制更为复杂，而目前广为应用的大标段建设模式又对组织间信任水平提出了较高要求。上述源自理论难点和实践需求的双重挑战激发了我们对基础设施建设项目组织间信任系列问题的探索热情，也为本书的研究成果锚定了充实的理论和实践价值目标。

本书第一篇系统梳理了国内外相关领域研究成果，回顾信任的起源，从多学科视角审视信任在不同领域的发展过程，由内向外梳理组织信任的来龙去脉；回溯大标段建设模式的历史沿革，特别是从国家和地方政策文件层面进行较为全面的脉络分析和解读，在此基础上结合不同类型的典型项目对大标段建设模式给出多维度界定，为此类研究做出原创性、基础性贡献。

随着我国进入高质量发展阶段，基础设施显著的公共性和正外部性特征决定了发包人不再以投资控制作为首要目标，而是追求公众满意、质量、工期、投资的多目标统一，由此信任机制在基础设施建设项目中的作用愈加凸显。发包人初始信任启动是基础设施建设项目组织间信任研究的起点，本书第二篇突破以往基于承包方特质的研究局限，通过扎根理论确定影响发包人初始信任的因素，采用模糊定性比较分析方法生成两条发包人高初始信任启动路径，发现“承包人能力”和“承包人声誉”是发包人初始信任启动的关键因素，同时，发包人同类项目经验和风险偏好、项目投资额、工程量、工期等属性，以及项目所在地经济发展水平对初始信任的生成路径都具有不同程度和特征的影响。

本书第三篇则基于承包人视角，通过综合量表的开发与设计，进行实证研究及差异性分析，验证承包人信任感知及其各维度对自身平衡互惠行为影响的假设，发现授权感知、支持感知、公平感知及双方关系特征四个维度均对承包人互惠行为具有显著正向影响；信任感知及其各维度分别对合同谈判 / 签订、建设 / 履约、变更及支付结算四个阶段承包人平衡互惠行为具有显著正向影响。由此实现了基础设施建设项目“发包人持续性信任（Trust）– 承包人信任感知（Perception）– 承包人互惠行为（Reciprocity）– 信任结论反馈（Conclusion）”这一信任交互链条的闭环研究。

本书第四篇以我国基础设施建设项目发承包双方的合作关系为研究焦点，遴选典型实践案例，剖析组织间信任交互关系的外部表象与内部逻辑，以项目建设阶段作为节点划分，探究交易双方信任关系螺旋强化与梯次跃升的动态演化过程，并从善治理念和现实举措两个层面对发承包双方实现信任良性互动给出实质性对策与建议。本书最后将研究视角延伸至以制造业为代表的企业型组织，对构建新发展格局下组织间信任的重要作用与互惠收益展开拓展性探索，并对组织间信任的未来研究方向进行启示性展望。

本书的撰写过程也是对研究团队既往成果的梳理和凝练，为后续我们在这一领域继续探索与深耕进行了阶段性总结。在此过程中任晓晨、戎娜娜、田平野、刘丹、连枭楠、李雅萱、陈达、刘辰瑜、胡欲达、李睿、叶嗣凤、郭闻天、孙越、许晓然、贾俊俐等同学承担了很多基础性工作（其中胡欲达、李睿、叶嗣凤分别参与了第一章、第九章及第十章的编写工作），也取得了长足的进步，对他们表示感谢。中国计划出版社为本书的高效、顺利出版给予全力支持，对编审老师们的辛勤付出致以诚挚的谢意。

由于作者研究水平与能力所限，本书定有许多局限和不当之处，期待与同行学者及广大读者深入交流，敬请不吝指正。

王亦虹

2023 年 3 月于天津

目　录

第一篇　概论

第二篇　发包人初始信任启动路径

第三篇 承包人信任感知与互惠行为

第四篇　组织间信任跃升的实现

附　录

第一篇 概论

信任是经济交换的润滑剂，是控制契约最有效的机制，是含蓄的契约。随着国内外众多领域的学者对信任的不断深入研究，有关信任的神秘面纱也被逐步揭开，“什么是信任？信任从何而来？信任如何发挥作用？如何维持信任？”等课题不再是学术界的知识“黑箱”。尤其是在号称“基建狂魔”的中国情境下，本书捕捉到在广泛应用的大标段建设模式中，拥有聚集资源的“双巨头”发承包双方在复杂环境中仅靠监管和激励无法实现高质量的项目治理，信任是其必然选择，在信任的交互与跃升中诱使双方尽善履约，以求达到组织间的善治状态。

第一章　从人际信任到组织信任

一、什么是信任

信任作为“日常例行互动的必要基础”[1]，渗透在诸如社会适应和商业交易等各种各样的日常生活中，不仅促进社会和经济交往，而且在包括政治和经济活动在内的各种社会关系中发挥着润滑剂的功能[2]。随着各领域对信任的不断深入研究，学者们尤其关注信任从何而来，能够产生什么样的影响，以及如何维持信任关系等方面。

（一）信任研究的起源

学术界一般认为，国外学者有关信任的真正研究起始于20世纪初，诞生于社会学领域。19世纪90年代末期，第二次工业革命已进入后期阶段，资本无限制的扩张和集中阻碍了社会公平与竞争，中小企业受到垄断组织威胁难以为继，工人的剩余价值被资本家无限压榨，消费者利益因商品价格垄断严重受损。面对这样的社会现实，1900年格奥尔格·齐美尔（Georg Simmel）（1900）在《货币哲学》一书中从信任的视角对金钱这种制度化象征物做出了深刻分析，明确指出信任对于稳定社会秩序以及人们生活的重要性[3]。紧随其后的是另一位德国社会学者马克斯·韦伯（Max Weber）（1920），他在1920年著的《儒教与道教》一书中阐述了宗教文化对于人际信任的影响，阐释了特殊信任和普遍信任的产生机制[4]。但是，自齐美尔和韦伯之后的近半个世纪，信任问题并没有得到学界的重视。直至20世纪50年代，美国心理学家多伊奇（Deutsch）[5]、霍夫兰（Hovland）、贾尼斯（Janis）和凯利（Kelly）等人又重新开始关注这一概念。虽然信任的研究中断了半个多世纪，但到了20世纪70

年代以后，信任研究已成为西方社会科学界的热门话题，在社会学、心理学、经济学、管理学领域均有学者涉足。

有关我国信任问题的研究，最早可追溯到19世纪90年代，几位西方学者最先分析了中国人的信任特征，主要观点是由于中国社会拥有浓厚的儒家伦理积淀，因此中国人对于自己的家族成员和亲属这样的血缘关系给予较高的信任，而对于血缘关系以外的广大社会成员却难以信任[6]。但是在其后近100年的时间内，很少有学者关注中国的信任问题。1978年改革开放，特别是1992年市场经济体制实施以来，工业化、城镇化的快速发展使得我国在短短三十多年的时间内实现了由传统农业社会向着现代工业社会的转型。在这一转型过程中，人们为获得各自缺乏的资源而竞争，又为生产满足他们需求的资源而合作，人际信任由此产生。但由于交往对象不同，人们的信任程度也不相同，1993年心理学家张建新与美国学者迈克尔·哈里斯·邦德（Michael Harris Bond）（1993）共同完成的论文《指向具体人物对象的人际信任：跨文化比较及其认知模型》对指向具体人物对象的人际信任做了跨文化实证比较研究，并探讨了人际信任的认知模型，被认为是国内学术界第一篇专门研究信任的文献[7]。在张建新与邦德的研究之后，随着信任问题作为社会的问题在中国社会日益凸显，有关信任的研究才逐渐成为国内社会科学领域的重要课题。

（二）信任研究的发展

纵观国内外学术界对信任的研究，心理学、社会学、经济学、管理学等不同学科的学者从各自学科的角度，全面深入地分析了信任的内涵、分类、作用、产生机制等。但由于分析角度不同，研究层次以及研究方法各异，从而导致研究观点产生了一定程度的不同。

1. 心理学视角下的信任

20世纪50年代，美国正处于第二次世界大战之后的繁荣期，科技的快速发展导致了一系列社会问题，人口老化与出生率下降，失业与劳动力短缺，资源浪费与环境污染，酗酒、吸毒、卖淫、自杀等精神危机及犯罪等，而信任及其相关概念对于理解社会生活和人格发展至关重要。在此社会现实下，美国的一批学者在心理层面发现了信任的产生机制及其对于关系构建的影响。其中多伊奇（1958）对囚徒困境中的信任问题进行了研究，认为信任是指“一个人预期这件事会发生，并且根据这一预期做出相应行动，虽然他明白倘若此事并未如预期般的出现，此一行动所可能带给他的坏处比如果此事如期出现可能带来的好处要大”[5]。心理学家的信任研究使得西方学者重新认识了信任对于构建和谐人际关系以及稳定社会秩序的重要性。20世纪70年代以后，欧美各国相继进入后工业社会，社会成员的社会分化更加显著，人与人之间、人与社会组织之间的合作进一步增强，信任在人们的生活以及社会经济建设中的重要性愈发显现。罗特（Rotter）（1967）对信任的定义只提到对他人言行方面的信任，认为信任是个体对另一个人的言辞、承诺以及口头或书面陈述可靠度的一般性期望[8]。霍斯默（Hosmer）（1995）对信任给出了一个经典的定义，即信任是当个体面临一个预期损失大于预期收益的不可预料事件时，所做的一个非理性的选择行为[9]。显然，他们对信任的看法已从“外在”转向“内在”，认为信任是个人人格特质的表现，是一种经过社会学习而形成的相对稳定的人格特点。可见，在西方心理学家的眼中，信任是一种存在于个人内部的相对稳定的性格特质。

我国传统文化十分重视在人际交往中以信相守、真诚相交。从人际交往关系来看，对他者的认知、认同和信任，是人际关系由陌生到熟悉，再由熟悉到十分融洽的过程，信任是由认同而来，是认同的集中和最高体现[10]。而从“陌生”到“熟悉”，即“外人”变为“自己人”的信任构建过程，表达了中国人将他人包容进自己的自我边界之内而形成的信任边界，这一边界既区别于内外的功能，也有“自己人”与“外人”相互转化的互通功能。杨中芳等从人际关系的角度提出了以社会义务为基础的本土人际信任模式，根据我国独特的社会文化，解释了人际信任在人际交往过程中建立的路径[11]。可见，我国的信任研究不仅以西方学者的信任理论为蓝本，还站在了中国特定的历史、文化以及社会中去考察中国的信任问题。

毫无疑问，心理学的信任研究是现代信任研究的逻辑起点，但是如果人们局限于心理学的学术理路而不寻求研究视野上的突破，作为社会问题、文化问题和制度问题的“信任”论题就不可能出现[11]。信任研究走出单纯心理学视野是一个必然的趋势。

2. 社会学视角下的信任

在西方古典社会学中，最早对信任问题做出专门论述的是德国社会学家齐美尔，他明确指出信任是社会中最重要的综合力量之一，离开了人们之间的一般性信任，社会自身将变成一盘散沙。在他之后，关于信任的产生及作用，西方学者有以下三个代表性观点：第一，安东尼·吉登斯（Anthony Giddens）（1991）[12]等学者主张信任的产生受社会经济与政治结构的影响，其中吉登斯是在吸收其他学者的理论观点基础上更为全面地分析了后工业社会中信任的起源、本质、类型、机制及功能，他认为随着工业化、城市化发展导致的传统社会向现代社会、简单现代社会向高级现代社会或风险社会的转型，人际信任将逐步被系统信任所取代，被动的信任将被积极或主动的信任所取代。第二，部分学者认为信任的产生受社会文化规范的影响，弗朗西斯·福山（Francis Fukuyama）（1995）的研究成果最具代表性，主要观点是信任的产生与一个国家的社会文化特性密切相关，而信任水平的高低影响着国家的组织发展[13]。除张建新和邦德外，我国学者也通过实验证明了福山的观点，王飞雪等比较了中国、日本、美国三个国家的城市居民对于一般性他人的信任状况，发现由于中国社会的人情和关系网在人们生活中起支配作用，因而对于一般性他人的信任水平低于日本、美国的城市居民，中国是一个低信任社会[2]。第三，信任被认为是社会资本的重要构成要素之一（经济社会学），即信任建立在委托人对受委托人预期的可能所得与可能所失之间的简单关系之上，它与共享的信息网络、有效的社会规范以及合作性的社会组织一样，都是社会资本的重要因素[14]。信任可以把人际网络或者社会群体中的每一个成员凝聚起来，产生共同行为，进而对社会经济建设产生促进作用。

此外，国内学者在1995年就注意到我国本土社会的信任危机问题[15]，信任危机指社会成员相互交往过程中由于缺失有效性承诺而导致的缺失基本信赖之不确定乃至不安全的关系状况[16]，如传销、杀熟等，之后一大批学者相继分析了信任危机产生的原因及解决的对策。我国的信任可以分为对于当事人的信任和对于维持信任机制的信任，必须建立维持信任的制度约束机制来提升我国的社会信任水平[17]。郑也夫分析了当代社会缺失信任的各种原因及对策，指出要从政府层面和社会层面同时提升我国社会信任水平[18]。郑永年把当代信任危机分为三个维度，即政府和民众之间的信任、市场利益主体之间的信任和一般社会成员之间的信任，社会信任的建设有待于社会经济的政体改革[19]。而经济行为是嵌入在社会网络当中的，信任则是这个网络的重要基础，我国在大力推行市场经济的同时也要同时推进社会所需要的信任机制[20]。

在上述研究中不难发现，对于社会学家而言，信任在更大程度上是一种突破了个体关系而存在的社会关系，它根植于整个社会政治、经济、文化的背景网络中，其生成有着深刻的社会制度的烙印。

3. 经济学视角下的信任

资源配置是经济学永恒的研究主题，经济学以其假定个人以最大化的理性行为从事活动、严格坚持均衡概念和突出强调效率概念，造就了“经济学帝国主义”，成为社会科学中跨学科的典范。经济社会学的发展是经济学家和社会学家共同推动的结果。在这一领域中，信任是社会资本最关键的因素[21]。社会资本通过使处在一个网络结构之中的个人或组织通过频繁的接触、互动，通过惯例、制度性规范等彼此之间建立起义务与期望，形成各种信任关系，动员互动的社会关系网络中的社会资源，最终实现对资源的配置[22]。在此之前，新古典经济学家加里·S·贝克尔（Gary S Becker）（1976）出版的《人类行为的经济分析》表明经济全球化特别是网络经济的出现凸显了信任、诚信等在理性选择过程中的重要性，而经济学为人们提供了理解全部人类行为的统一方法，他的研究使信任逐渐成为西方经济社会学的热点问题[21]。随着经济学研究的深入，有学者发现除了理性行为外，人们还有许多非理性行为，这与个人所处的社会结构与社会关系有关，马克·格兰诺维特（Mark Granovetter）（1985）从经济行动的社会“嵌入性”角度阐述了社会资本及信任：经济行动是嵌入于社会结构的，而核心的社会结构就是人们生活的社会网络，嵌入的网络机制就是信任[23]。福山（1995）在格兰诺维特研究的基础上指出新古典经济学忽视了文化因素，不能充分解释政治生活和经济生活，他把信任作为一种狭义的社会资本，研究了信任和经济规模、经济效率和经济效益、经济繁荣和发展之间的关系[13]。

此外，行为经济学作为经济学和心理学的交叉学科，也从人类非理性行为的角度对信任做出了定义，即行为经济学中的信任是指交易双方在博弈、谈判、消费及经济贸易等特定环境下，在有限信息和经验基础之上，对对方履行承诺的积极预期及能力的认可[24]。马丁·杜文伯格（Martin Dufwenberg）（2000）和尤里·格尼茨

（Uri Gneezy）（2000）于2000年采用实验的方法探讨了人际交往过程中利他主义对于信任的影响，发现利他主义在信任建立的过程中具有正面影响[25]。我国学者也通过2000年全国范围内15 000多家企业问卷调查数据印证了这一观点，一个人的利他情感越浓重，交往双方的互利性越强，越容易产生以利他为基础的特殊信任，必须建立足够稳定的产权制度来确保政府行为的规范化[26]。而经济发展史表明，信任除了与政治制度相关以外也是扩大交易范围和经济发展的关键。徐淑芳从理论层面指出信任能够促进经济增长和提高企业组织的生产效率[27]。

也就是说，经济学视角下的信任更强调的是，期望在现实生活存在社会偏好行为前提下，有限理性人能够避免机会主义，在不完全契约中通过亲社会行为降低缔约成本，以实现更为有效的资源配置。

4. 管理学视角下的信任

管理学领域对信任的关注从20世纪80年代开始日渐增多，此时正处于经济全球化伊始的背景下，组织间的相互依赖性日益增强，组织的成长策略和方式也发生了变化，跨组织、跨国界的协作日益常见，组织及其运作形态更加复杂，如网络型组织、虚拟组织、知识密集型组织等纷纷出现，这种战略联盟中各种经济主体的行为并不总是受非完全信息合同的约束，信任在其中担当重要角色。至20世纪90年代已非常普遍，在经济发展与技术变革的时代背景下，国外国内学者先后发现研究信任的迫切性与必要性。

从国外管理学界对信任的研究起源来看，研究者发现当时美国劳动力的构成和工作组织的发展趋势有所变化，推测信任的重要性在未来大概率会增加，这便引发了管理学界对信任的关注。劳动力构成的一个重要趋势是多样性的增加。杰克逊（Jackson）和阿尔瓦雷斯（Alvarez）（1992）指出，劳动力多元化使得背景差异很大的人必须相互接触和密切合作[28]。在这种情景下，人际间信任的建立会成为员工紧密合作的结合剂。另外，工作组织的变化也激发了国外学者对信任研究的兴趣。劳勒（Lawler）（1992）指出，职场正在朝着更具参与性的团队管理方向不断变化[29]。随着强制管理条例的减弱以及人际间的频繁互动，自我导向团队的出现与对员工的赋权凸显出信任建立的重要性。

中国的管理学者之所以对信任问题感兴趣，不仅是国外信任研究的推进引起了国内学界的重视，其主要原因在于改革开放后涌现出代表私营经济的民营企业，呈现出组织内部上下级的权力差距颇大、以亲缘相结合的特征[30]。郑伯埙[31]的本土化研究指出，与西方组织成员所强调的权利与义务均衡的平等关系不同，中国企业组织中上下级之间的权力距离很长，由于上级掌握着关键资源的分配及相关信息，下属在执行上级的决策时会面临很高的不确定性，所以下属对上级的决策信任显得十分重要。此外，亲缘结合的家族制度在改革开放初期市场发育和制度化程度尚低的情况下，显著地降低了交易成本并完善了制度。如在广东珠江三角洲地区，乡镇企业的中高层管理者普遍从当地或经营者的亲属、朋友中选取，对一些关键性的职位（如总会计师）则成文或不成文地规定只允许由本地人担任，这样做则是出于信任关系的建立需要一段相当长的时间和成本的考虑。这样，在组织内出现的家族伦理、信任关系方面的现象便暴露在中国学者的研究视野当中。

本书的研究对象显然属于管理学领域，故借鉴郑伯埙对信任的两类分析层级在此说明，依照研究对象差异分为组织内信任与组织间信任[31]。组织内信任关注研究个体对组织内其他成员的信任；组织间信任则存在于组织之间、团体之间甚至企业之间，是组织内成员将所在组织与外组织进行心理比较后对内组织的心理归属感。对于组织间信任的研究，通常以研究企业制度、企业文化、领导力对信任的影响为主。对于组织信任的研究脉络、侧重分类、学派观点，将在下一节做进一步的梳理与阐释。

二、组织信任

在后工业社会，不同功能的企业组织大量产生，致使不同组织之间的竞争性、依赖性趋于强化。与此同时，经济的全球化、网络化、知识化也获得快速发展，使得企业绩效的提升不再简单地依赖于企业内部的资源状况及管理方式，而是更依赖于伙伴企业的资源状态、行为取向以及相互之间的沟通合作。另外，企业组织规模的迅速扩大以及官僚科层化管理方式的迅速发展，导致组织形态从工业社会阶段的遵守价格机制的市场式组织演变为遵守理性管理的科层式组织，再转变为介于市场和科层制之间的网络化组织[32]。

面对组织的功能、绩效获得、规模、形态等方面发生质的变化，如何提升组织凝聚力与竞争力，减少企业组织与企业组织之间的冲突，降低组织运行的成本，提高组织效率，成为一个亟待解决的现实问题。管理学者均把这一问题的关键集中到了人们与企业组织的信任方面，认为信任是价格和权威之外组织控制的另一种机制，可以增进组织内不同成员以及组织与组织之间的合作，进而提高组织绩效。因此，管理学领域分析的组织信任问题，主要集中于组织内信任和组织间信任两个方面。通过对以往的研究进行归纳发现，对于组织信任的理解可以大致分为两个方面：①组织内信任，即组织内部角色之间的信任，包括员工对上司、员工对员工、上司对员工、员工对组织以及上司对组织的信任；②组织间信任，即企业与企业之间的信任，例如，同一供应链里的上游企业对下游企业的信任。因此，可以从不同角度将组织信任划分为不同构面，具体如图 1–1 所示。

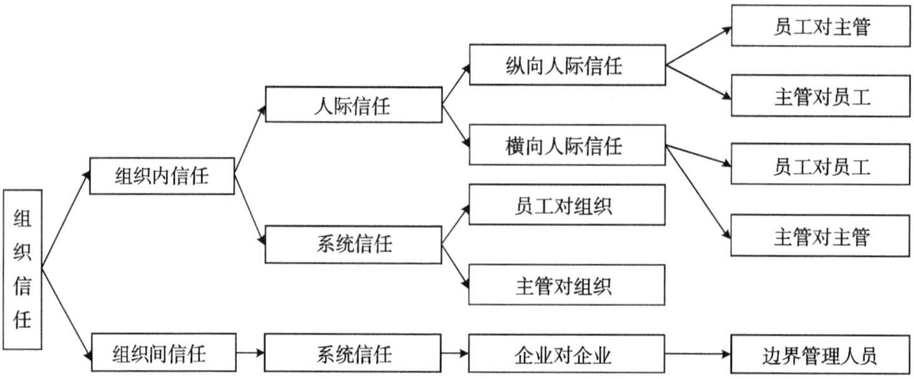

图 1–1　组织信任构面图

（一）组织内信任

1. 组织内信任的内涵

对于组织内信任的定义，研究学者从各方面进行了不断的剖析，第一种观点认为组织内信任是指组织与组织成员之间的信任，代表人物如艾森伯格（Eisenberger）（1986），认为组织内信任是组织成员对组织的整体信任[33]。第二种观点则从人际的角度进行分类，奈恩（Nyhan）和马洛（Marlowe）（1997）认为组织内信任包含两部分：组织内的人际信任和组织内的系统信任，即非人际信任[34]。组织内的人际信任是基于组织成员通过人际互动，相互认识和了解，从而建立起相互信任的认知和体验。迈耶（Mayer）（1995）将此定义为人际信任或关系信任，包括组织成员与主管、同事之间的纵向和横向信任关系。组织内的系统信任则指组织中的非人际信任，是组织成员对组织的一种整体性的信任，包括对管理层的决策、行动以及组织规章制度执行情况的整体印象，它是组织成员对于组织整体的信任关系[35]。此观点也是被普遍接受的一种观点，许多组织信任测量表均以此为理论基础。第三种观点从纵向或横向的角度认为，组织内信任可以分为水平信任和垂直信任，如麦考利（McCauley）和库纳特（Kuhnert）（1992）认为水平信任是指同事之间的信任关系，垂直信任是指员工同主管、高层管理者以及整个组织之间的信任关系[36]。

综上所述，组织内信任是一种多维度的结构。从内容上看，组织内信任包含对同事、主管及组织的信任，从性质上看，包含人际和系统信任两部分，人际信任主要指对同事和主管的信任，系统信任涉及员工对组织的整体信任和认识，包含员工对组织的信心和组织对员工的支持。这是目前大部分学者所达成的一种共识，也成为对组织信任测量的一个理论基础。由此，本书认为组织内信任是指一方相信自己基于对对方的预期，相信对方所采取的行为都是利于自己的利益的，不管自己是否有能力控制或监督对方而愿意将自己的脆弱暴露给对方。

2. 组织内信任的相关研究

组织内信任研究的问题主要集中于两个方面：一是组织中的人际信任，即组织内部的员工与员工、员工与管理者之间的信任；二是组织中的非人际信任，即组织内部的系统信任，具体是指组织员工基于组织管理者的决策和行动以及组织治理机制而产生的对于所属组织本身的信任。

（1）组织内人际信任。

受日常生活中人际信任研究的影响，组织内人际信任愈发成为管理学，尤其是其中的组织行为学领域研究的重要课题。研究的问题包括组织内的人际信任的影响因素以及组织内人际信任对于组织发展的作用两个方面。

第一，组织内人际信任的影响因素研究。学者主要从信任者特质、被信任者特质、组织因素和情境因素四个方面分析了组织内人际信任的影响因素。其中，在信任者与被信任者的特质方面，巴特勒（Butler）和坎特雷尔（Cantrell）（1984）两位学者的具体发现是：企业组织中，不同员工的能力、仁爱、诚实、一致性、开放性，在上级对下属信任以及下属对上级信任的作用方面，是存在差异的[37]。在组织因素和情境因素方面，马丁斯（Martins）（2002）提出了组织内人际信任的影响模型，该模型主要从管理实践的角度讨论了信任的影响因素，发现组织中的信息共享、工作支持、可靠性、团队管理均会影响着信任的产生[38]，马丁斯将管理实践引入组织内人际信任的研究，使得组织内人际信任的研究从个人层次上升到了组织层次，更使得组织内人际信任的研究有了更广阔的分析视野。

第二，组织内人际信任与组织发展。几乎所有学者的研究均发现，组织内人际信任的建立有助于组织的健康发展。信任的建立可以促进组织内不同员工的互动合作，提升团队与组织的凝聚力，进而有助于组织生存的维系及组织效率的提高。罗伯特·霍根（Robert Hogan）（2005）等学者认为，组织内信任的提升能够有效地降低监督成本，促进组织成员之间的协作行为，支持组织成员的创新，为组织带来不可模仿的竞争力，进而使组织受益[39]。

（2）组织内系统信任。

如前所述，组织内系统信任是指组织成员基于组织领导者的决策、行动与组织治理而产生的对于所属组织的整体性信任知觉。大量的研究显示，组织公平、组织变革、组织沟通影响着组织成员对于组织整体的信任。

其中，一些学者的实证研究发现，组织公平有助于提升员工对于所属组织的信任。霍普金斯（Hopkins）和韦辛顿（Weathington）（2006）研究发现，分配公平、程序公平有助于提升员工对于所属组织的信任，这种信任使得员工在实际工作中具体转化为提升对于组织的满意度与情感承诺、降低离职意向等方面[40]。

组织变革是组织为了适应新的环境，提升组织效率的行为，但组织变革同时也会改变已有的组织结构与利益格局，从而会不可避免地影响员工的态度和行为。梅耶（Mayer）和戴维斯（Davis）（1999）研究发现，成功的组织变革能够提升员工对于组织的信任，但是组织变革往往会改变员工的工作环境与工作方式，给员工的心理带来焦虑和不安全感，从而导致员工对组织的信任度降低[41]。丹尼丝（Denis）、拉莫思（Lamothe）（2001）等学者在调查中同样发现，组织变革往往破坏了已有的组织秩序，导致员工心理层面的抗拒，从而降低员工对于组织的信任[42]。

组织沟通是指组织内不同成员及不同部门之间传达信息的行动。许多学者的研究显示，组织沟通与组织内信任的建立存在紧密的关联。怀特纳（Whitener）和布罗特（Brodt）（1998）等学者研究发现，组织内不同成员通过频繁的沟通和互动，可以获得较多的对方信息，从而减少了不必要的误会，同时也能增进组织成员对于组织决策的理解，因而有助于提升组织成员对于所属组织的信任，提高组织绩效[43]。

面对组织的绩效获得、规模等方面发生的质的变化，如何减少企业组织与企业组织之间的冲突，降低组织交易成本，提高组织效率，成为一个亟待解决的现实问题。管理学者均把这一问题的关键集中到了企业组织与企业组织的信任方面，认为组织间的信任可以增进组织与组织之间的合作，进而提高组织绩效。因此，组织间的信任日益引起管理学者的重视。

（二）组织间信任

随着经济的发展，企业面临着越来越复杂的进行环境和越来越激烈的市场竞争，使得大量企业开始建立组织联盟并致力于加强企业创新能力和竞争力。在这一过程中，组织间信任被高度重视，成为组织战略联盟中不可替代的因素。

不同于组织内信任，组织间信任所强调的是组织层面上的互信关系，并以此促进组织之间的合作，实现组织间的互惠互利。相比于正式的控制机制，组织间信任不但能减少经济交换中的不确定性和机会主义行为、降低交易成本[44]，而且能够有效避免道德风险、促进组织间学习和共同解决问题，进而提高组织交易绩效并帮助组织获取竞争优势[45]。

1. 组织间信任的起源及内涵

20 世纪 80 年代以来，伴随经济全球化的深入，企业经营环境越来越复杂多变，企业间的资源交换和战略合作日渐增多[46]。即使是全球最强大的企业，也很难单靠自己的力量长期保持竞争优势地位，组织间的相互依赖尤为重要。有鉴于此，大批企业纷纷建立战略联盟以更好地谋求生存与发展。据不完全统计，从 20 世纪 80 年代到 21 世纪初，企业间的战略联盟数以年均超过 20% 的速度增加[47]。

与此形成鲜明对比的是，大批战略联盟未能取得成功，经理人员对战略联盟的绩效普遍不满意；哈里根（Harrigan）（1988）在考察了 880 个联盟实例后发现，有 40% 的联盟存续时间超过了 4 年，只有 15% 的联盟超过了 15 年[48]；麦多克（Madhok）（2006）研究发现，超过三分之二的联盟在最初两年间遇到了严重困难，各种证据近乎一致地说明联盟很难达到预期目标[49]。

面对战略联盟在全球范围内蓬勃发展但大量的战略联盟案例以失败告终这一局面，理论界尝试探索战略联盟成败的深层次原因。一些学者把“信任”概念引入联盟研究领域，着重探讨联盟中伙伴企业之间的相互信任与联盟绩效的关系。研究分销渠道的权威学者路易斯·斯特恩（Louis Stern）（1973）把信任引入对渠道关系的研究中，是最早把信任纳入组织间关系研究框架中的学者[50]。之后，相关研究广泛出现在战略管理、组织行为、市场营销、供应链管理、国际商务等领域，形成了一系列颇有影响力的成果，初步确立了组织间信任理论的基本思想。

在界定组织间信任的定义时，由于情境特征伴随并影响其定义过程，因此学术界尚未形成统一的组织间信任的概念界定[51]。早期的研究者们普遍认为信任是一种心理态度，即是信任者对受信者的某种“积极的期望”，包括对受信者的动机、意愿以及行为的积极期望或信心。代表学者如卢梭（Rousseau）等（1998）认为，组织间信任是指信任关系中，信任方对对方意愿和行为的积极期待与接受意愿[52]；达斯（Das）等学者（1998）提出，组织间信任是一方在认识到自身所面临风险的前提下对另一方意愿或行动的期待[53]；科尔钦斯基（Korczynski）（2000）认为组织间信任即一方相信在交易的过程中对方不会利用自己的弱点的信心[54]。

随着时间的推移和研究的加深，部分学者开始主张信任不仅只是表现为“积极期望”的一种心理态度，而应当体现在组织双方给予信任的程度，如查希尔（Zaheer）（1998）[55]将组织间信任定义为一方对与自己有合作关系的另一方所拥有的意向相同的信任的程度，他们相信即使在不确定的环境下，对方仍会持续彼此的合作。波普（Poppo）（2008）[56]等学者将组织间信任作为一种对其他组织的预期，这也是目前为止最为广大学者认同的，他们认为组织间信任是对组织不会破坏结盟组织利益，并且不会破坏信任双方关系的一种预期。

2. 组织间信任的相关研究

组织间信任被多种特征所刻画，以功能的正负性来看，积极特征包括互惠性，消极特征包括背叛性或机会主义性，“中立”特征是关系性与动态性。这些不同的特征成分组成不同类型的组织间信任，进而对结果变量造成差异性影响，这在很多研究中得到验证。

首先，组织间信任具有关系与选择特征[57]。它指代的是某一主体对其他主体的关系态度和信念，由微观层面个体选择而产生，可以扩展到集体层面。格拉诺维特（Granovetter）（1985）认为，社会关系比组织制度更能带来信任，这也说明关系属性的重要性[23]。但在组织因关系信任获得众多利益的同时，索格伦（Thorgren）（2011）指出信任也会带来“关系风险”，并会使组织应对不确定环境的灵活功能失调，因而要谨防组织间“关系硬化”[58]。

其次，互惠性。学者们认为组织间信任的一个很重要的方面是对另一方的积极预期，这种积极预期能给双方带来利益，并带来互惠效应。同时，组织间信任还有内在的“机会主义”特征或“背叛性”[52]（卢梭，1998），即在积极预期下，依然存在某一主体会背叛契约的可能，做出伤害另一方利益的行为。

最后，动态性。组织间信任可以被塑造或破坏，不少研究者关注信任的动态发展过程。例如，弗利亚（Vlaar）（2007）认为，组织间信任或不信任会随着组织绩效、关系经历而改变，当组织绩效较差时，下阶段的组织间信任会减少，且增加更多的正式治理机制[59]。国内学者韩亚品（2014）也指出，信任演化过程中会表现出非线性的混沌状态，这为组织间信任的混沌利用和控制提供了指导[60]。

工程项目团队是一类临时性的组织，维持的时间一般为 1 ～ 3 年，它围绕着具体的项目而建立，具有一定的机动性和柔性，同时具有阶段性、临时性、不稳定性和风险性等特征。这些特征要求工程项目团队必须建立起组织间信任，才能确保工程项目在有限的条件限制下顺利推进，按时完工，实现项目既定目标。

工程项目团队组织间的信任关系，产生于工程项目团队的运行过程中，信任关系的主体往往有着不同的组织背景、企业文化、价值观和利益诉求，同时受到工程项目以及工程项目团队具体特征的影响。在工程项目中的组织间信任问题可归结为一种对另一方未来行为的预期，意味着它需要交易的双方均有业务执行的相关能力，也均具有避免机会主义行为的愿望。因此，在工程项目组织中的信任被界定为发包人与承包人在相信对方能力的情况下共同避免机会主义行为与道德风险的发生并且发现对方的漏洞后并不是进行利用，而是双方合作去弥补漏洞。

三、信任机制

显然地，正是由于不同学科研究信任的起源不同，各学科对于信任的概念定义、分析对象、研究范畴等也有所差异，多学科、多维度的特征也使得探究信任问题较为复杂，目前尚未形成较为统一的理论知识体系。但从前文中不难发现，心理学、社会学和经济学等领域多集中于研究个体间信任。而管理领域的信任研究愈加趋向于组织信任。随着对信任问题研究的深入，除了界定“什么是信任”外，另一问题“信任是如何发挥作用的”，即信任的机制研究，也引起了学者们的激烈讨论[61]。

关于这一问题的答案，可从赞德（Zand）（1972）的研究中获取一些线索，他在研究信任如何解决管理问题时说明了信任与信息、影响和控制之间的关系（图 1–2）[62]，认为初始的信任水平会影响后续的交互过程，同时信任也是一个相互影响的过程，在不断的动态的信任博弈中持续交互产生紧密联系，最终达到稳定的状态。

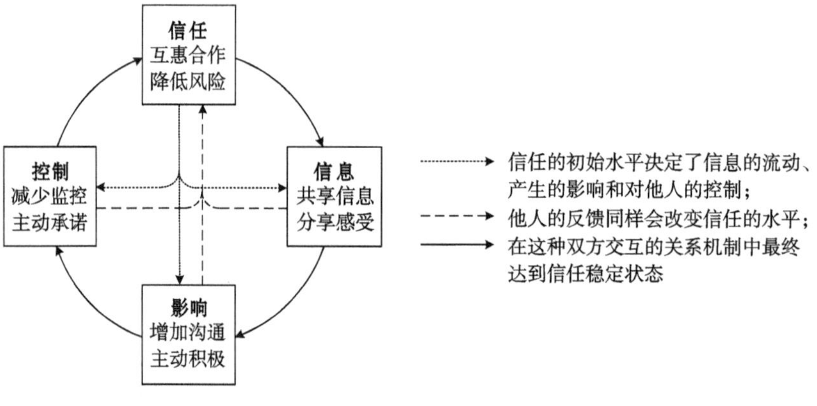

图 1–2　信任与信息、影响、控制的关系

正如图 1–2 中所示，相互信任的双方达成的合作是互惠的，在此情形下，施信方和受信方（施信方：首先表现出信任期望的一方；受信方：感知到信任倾向进而做出互惠行为的一方）都将共享更加全面的、准确的、及时的信息，从而为共同的目标不断努力，因此也更容易接受来自对方的影响，相信对方会按照契约控制自己的行为，也就不需要对他人施加控制。而在上述行为的反馈下双方的合作风险也随之降低，潜在的问题更有可能被发现和检查，提出的解决方案也更有可能具备适用性、创造性和长远性。需要说明的是，仅凭信任是无法直接解决问题的，信任只是有可能增加或减少对别人的依赖程度。

（一）信任机制的相关研究

信任在人类活动中普遍存在已是学界的共识，但基于其复杂性，还需揭示其产生作用的具体过程，研究信任机制就是从理论基础出发去探讨这一问题。国外对于信任机制的研究相对较早，但主要集中在纯理论层次的研究分析，典型观点如下：朱克（Zucker）（1972）认为信任分为个人信任和制度信任，并且信任主要通过规范、特征和过程三种形式产生[63]；尤齐（Uzzi）（1997）指出信任是嵌入关系的一种治理机制，以第三方的中间人角色去为一段新关系提供建立信任的基础[64]。

在学术界，我国较为系统地研究信任机制应当追溯到1997年，陈国进指出信任机制同声誉机制、法律机制和现代公司机制共同保障了资本市场在不完全信息下发挥基本经济功能[65]。实际上，研究信任问题的关键之一就在于明确信任建立的条件及其机制，只有确定了决定信任的关键因素，才能培育和维持信任关系。因而，信任机制是信任得以建立、维持和提升的立足点、约束及保障，但有些学者关注的是单一学科内的信任理论，如心理学中的个人特质、社会心理学中的互动关系和动态演化、经济学中基于收益和风险分析的理性选择、社会学中基于制度的信任和信任文化等[66]，有些学者则从跨学科的多维角度进行研究，如麦克奈特（McKnight）等（2002）基于多学科视角，从信任倾向（心理学）、基于组织的信任（社会学）以及信任信念和意愿（社会心理学）的角度提出了电子商务中消费者的信任模型[67]。总体而言，对于信任机制的现有研究主要集中在信任的形成机制、信任的作用、信任的影响因素、信任的测量四个方面。

1. 信任的形成机制

国内外对于信任的形成机制研究视角存在些许差异。国外学者研究信任问题较早，因而针对信任来源和信任过程的不同，主要划分为基于信任来源和信任过程两大视角的形成机制研究，具体内容见表1-1，表中列举了几位具有代表性的学者观点。

表 1-1　国外信任的形成机制研究

划分角度	学者	观点
信任来源	刘易斯（Lewis）（1985）[68]	认知信任、情感信任、制度信任
	朱克（Zucker）（1986）[63]	经验信任、特征信任、制度信任
	萨科（Sako）（1992）[69]	合同信任、能力信任、信誉信任
	卢梭（Rousseau）（1998）[52]	计算信任、关系信任、制度信任
信任过程	夏皮罗（Shapiro）（1992）[70]	威慑→知识→共识
	多尼（Doney）、坎农（Cannon）（1997）[71]	计算→预测→倾向→能力→转移
	卢梭（Rousseau）（1998）[52]	威慑→环境→关系

不同于国外研究视角，国内学者更强调基于中国情境分析信任问题，代表观点如下：金玉芳和董大海（2004）通过对文献的研究，总结出四种信任建立的机制，分别是施信方自身的心理过程机制、施信方对受信方的判断过程机制、交往过程机制和其他外部机制[72]。段亚楠（2016）围绕信任本身，将信任分为初始信任阶段、信任发展阶段、信任形成及维护阶段，初始信任阶段是基于威慑的信任机制，信任发展阶段是基于认知的信任机制，信任形成及维护阶段是基于共识的信任机制[73]。

2. **信任的作用**

如前所述，信任在社会和经济中发挥着重要作用，故研究主要围绕着其社会功能和经济功能展开。卢曼（Luhmann）从新功能主义的角度出发，关注和分析信任的社会功能，他认为行动者通过相互沟通形成了一定的系统，所有的系统都处于复杂的环境当中，而信任是一种系统简化机制，能够减少社会生活和交往中的复杂性[74]。在冲突等问题的解决上，由于整体目标一致性有助于容忍部分目标冲突和关系中暂时的不平等，信任在关系中创造了灵活性[75]，发挥其协调作用，减少了摩擦，是可以提高系统进行效率的行为润滑剂。另外，信任还通过声誉发挥其约束作用，拥有良好的声誉更容易获取信任。

针对信任促进经济发展的研究也不在少数，很多学者都认为信任与经济增长存在联系，并把信任当作影响国家地区经济发展平衡的一个新要素。信任不仅能够降低交易费用、监督的成本[76]，还能在无第三方监督执行的情况下使已经达成的协议实现自我履行与遵守。尤其是在委托代理关系中，由于大量的信息不对称存在，代理人很可能会隐藏部分信息，其机会主义的行为会给委托人造成风险，信任越低，监督成本越高。

此外，信任在建设工程项目的实践中也起到了重要的调节作用。建设工程项目涉及多个参与方，复杂情况下难免出现矛盾与分歧，这些都不利于项目的实施。而信任则把建设各参与方紧密地联系到一起，辅助项目成功实施。同时，信任有助于提升项目管理绩效，且持续信任提升项目管理绩效的作用效果要比合同治理更强[77]。

3. 信任的影响因素

既然信任在社会和经济中都如此重要，那么它具体会受到什么因素的影响，这也是许多学者的研究方向。通过对信任前因研究进行总结，可发现信任的影响因素主要包括两方面：一方面是受信方的特征，包括其能力、声誉，以及具体的行为等特征；另一方面是双方的关系特征，包括过去的交往经验、共同的目标和价值观等特征。国内外部分学者的观点如表 1–2 所示。

表 1–2 信任的影响因素

学者	观点
王晨、杨晨（2003）[78]	➢ 组织的声誉 ➢ 竞争力 ➢ 文化和价值观 ➢ 家族和朋友之间的忠诚和情感
潘镇、李晏墅（2008）[79]	➢ 共同愿景 ➢ 资源互补 ➢ 组织适配 ➢ 交流沟通和信息共享
戴尔（Dyer）(2003）[80]	➢ 合作者的公正 ➢ 可靠性 ➢ 善意
金（Kim）(2015）[81]	➢ 声誉 ➢ 社会存在 ➢ 善意

根据已有研究可以看出，由于双方合作终是以双方盈利为目的，因此对另一方的能力、善意、诚实、沟通、交往经验、共同的目标与价值观更为看重。而由于工

程建设领域本身的特点，项目中信任的影响因素与其他关系领域中信任的影响因素相比，有相同类似的一面，但更有其自身的特征。例如，哈勒凡（Khalfan）[82]等通过访问调查指出建立信任的因素有：交往经验、问题的解决、共同的目标、相互性和理性的行为。可以看出，信任的影响因素逐渐被研究者们细化、多样化，涵盖的范围越来越广，包含的内容也越来越丰富。

4. 信任的测量

长期以来，信任测量都是信任研究中的重点和难点问题，信任的测量呈现出多样性且分散化的状态。一方面研究者直接应用或略微修改现有测量工具，另一方面又不断提出各种新的测量工具。然而，由于信任具有情景依赖的特性[83]，所以新开发的测量工具一般很少被后续研究所引用，同时部分研究没有对新开发的量表进行有效的验证，从而也降低了他们被重复应用的程度。鉴于此，本书对目前研究者较为认可、应用广泛的几种测量方法进行说明，对信任进行测量的方法归纳如表1–3所示。

表 1–3　信任的测量方法

研究者	维度	题项	受众人群
罗特（Rotter）（1967）[84]	特殊信赖度、一般信心	25 个题项	涉及各种社会人物，包括父母亲、推销人员、审判员、医生、病人、学生、政界人物
伦佩尔（Rempel）、霍姆斯（Holmes）（1986）[85]	可依靠性、可预见性、信任性	18 个题项	关系非常紧密的个体
麦卡利斯特（McAllister）（1995）[86]	情感维度、认知维度	11 个题项	上下级之间的信任
梅耶（Mayer）、戴维斯（Davis）（1999）[87]	能力、善意、正直	17 个题项	员工之间的信任

如表1–3所示，现有的信任测量工具都是对个体层次信任关系的测量，包括同事间信任、员工与主管间信任、员工与组织间信任或员工与雇主间信任等人际信任。对组织间信任关系测量的研究仍比较缺乏，组织间信任关系的研究主要存在于战略管理、国际商务和营销管理研究等领域，但他们仍然以个体间信任研究为基点。组

织信任研究更多地表现为描述分析，没有像人际信任研究一样形成比较成熟的测量方式。

事实上，对于信任问题的研究总是多学科、多维度的，彼此交叉不可分割。值得注意的是，由于心理学和社会学中存在的情感认知、亲属关系等可能导致存在部分无条件信任外，在经济学和管理学领域中信任必然是建立在契约关系之上的，只有在约束的基础上信任才能有效促进合作水平，否则就要承担极大的风险。

（二）信任交互模型

如前所述，由赞德（Zand）（1972）建构的信任交互模型[62]是众多学者在研究信任交互问题时提及频率最高的信任交互模型，该模型认为信任会导致更多的信任，不信任会导致更多的不信任。在此模型中，施信者与受信者双方的期望诉求是保持一致的，都期望能够通过信任使得双方关系更加紧密，以此实现双方的合作共赢局面，具体的交互过程如图 1–3 所示。

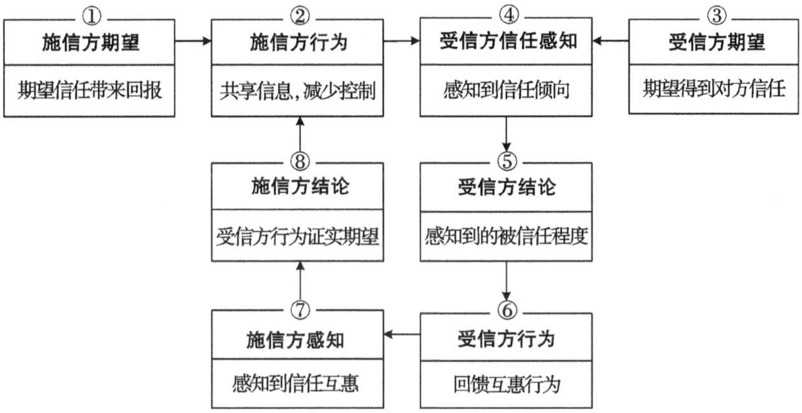

图 1–3　信任交互模型

显而易见的是，施信方首先表达出信任倾向是信任的起点，而受信方感知到信任程度是信任交互开始的关键，进而受信方所实施的互惠行为则是双方信任的实际落地成效，最终施信方接收到的反馈又将影响下一次的信任交互。由此可见，完整的信任交互链条实际上是包括“施信方信任倾向—受信方信任感知—受信方互惠行为—施信方信任结论反馈”四个阶段。

1. **信任与信任感知**

通过梳理相关研究发现，有关信任的研究主要分为施信方的信任（trust）和受信方的信任感知（feel trusted）两方面[88]，这在赞德（Zand）的经典文献中同样表现为信任关系中两个独立的关系（见图 1–2），其差异的关键在于两者的主体不同：施信方与受信方[89]，因此两者在概念、测量等方面必然存在不同之处。信任是指施信方在合作关系中积极承担风险的意愿，而对于信任感知则是指受信方对施信方这种积极承担风险意愿的感觉和认知。虽然部分学者将两者做出了区分[90]，但大多数研究还是存在信任与信任感知两个关键词混用的现象，在信任感知的可操作化测量方面尤为突出[91]。

2. **互惠行为**

在现有信任与互惠关系的研究中，多数聚焦于信任作为互惠的前因变量进行研究。例如，在组织行为学领域中个体间的信任研究证明了信任他人的目的就是换取对方随后的回报性正互惠行为[92]；梁平汉和孟涓涓的实验结果证明了施信方的初始信任程度对于受信方的互惠行为有着显著的正面影响[93]。类似的研究有费尔（Fehr）和利斯特（List）[94]认为信任能够增强团队成员合作的能力，正向促进团队成员互惠的产生。组织间信任水平越高或越信任伙伴，就越愿意做出分享信息和共享资源等互惠行为。

上述研究均证实了信任对互惠行为的积极作用，证明了信任是诱发互惠行为的“动机”，而关于研究信任感知对互惠行为影响关系的实证分析较少，部分文献提出受信方信任感知对其行为的研究。组织行为学领域中的研究表明，员工的信任感知对其积极回报行为具有显著的正向影响[95]。麦凯布（McCabe）研究发现，交易过程中一方在承担不确定风险时，交易的另一方会把对方承担不确定风险的行为看作是一种信任信号，并做出相应的信任反应，并进行积极回报[96]。工程领域中，王雪青在研究工程项目组织发承包双方风险分担时明确提出承包人信任感知这一独立概念，并证明了承包人信任感知越强，承包人孤立和预防性的敌对行为将会减少，积极行为则会增多[97]。

综上所述，学界已对信任与信任感知做出了明确的区分，但仍存在信任与信任感知两个关键词混用的现象，造成信任感知的可操作化测量混乱；而关于互惠行为的现有研究聚焦于前因变量，如公平、信任、利他主义等，对于受信方信任感知对互惠行为影响的直接研究较为少见。基于信任螺旋强化模型的分析发现，直接影响受信方互惠行为的是其自身的信任感知，是激发受信方互惠行为产生的核心所在。因此，有必要将受信方的信任感知补充至信任双方间信任的整体框架中，并探究信任感知如何影响自身互惠行为的内在机理。

第二章　基础设施建设项目中的信任

一、大标段招标的中国方案

（一）中国基础设施建设模式的演进

基础设施建设是国民经济基础性、先导性、战略性、引领性产业，是经济稳定增长的重要抓手之一[98]。土地国有制和中央基建投资为大规模的基础设施建设提供了物质和经济保障，促进了城镇化的进程，助推了二三产业融合发展。随着我国步入新发展阶段，基础设施建设也不再单纯以投资拉动经济增长为目标，而是要全面布局，兼顾经济效益以外的社会效益等诸多方面的影响，提高基础设施全生命周期综合效益[99]，工程项目管理也面临风险复杂化和扩大化的挑战。回溯中国工程项目管理实践，迄今为止“中国速度”的提升历经了三个探索阶段[100]：

1. 力求充分利用各环节衔接时间的“三边工程”的弊端

中华人民共和国成立初期，我国基础设施建设较为薄弱，当时学习苏联的基本建设管理经验对项目开展技术经济分析论证，颁布了《基本建设工作程序暂行办法》等政策规定，“一五”时期156项重点工程圆满建成使用，为中国的工业化和建立较完整的国民经济体系打下了良好基础。但为了迅速改变落后面貌，许多项目基本是超常规建设，如1958年9月中共中央为迎接建国十周年决定在北京建设“国庆十大工程”，虽然时间紧、规模大、难度高，但在工程建设过程中各环节考虑充分、政府监管严格，按照“边勘察、边设计、边施工”的施工模式用时不到一年便完成了浩大的工程任务。

随之而来的“大跃进”使经济建设出现了贪多求快的冒进现象，“三边工程”随处可见，“一五”时期在工程建设中采用的建设程序和具体做法被抛弃或破坏。这种模式违背了工程建设的基本程序，存在人因失误[101]、设计变动随意性大、施工管理计划性差等问题，最终的工程质量、安全和工期等难以保证，项目投资效益低下，影响了我国经济建设正常健康的发展。

2. **运用工艺技术手段压缩关键工序工期的做法为工程质量埋下隐患，甚至引发重大事故**

近年来，我国基础设施投资增速加快，其中不乏一些为了迎接某个节日或时间节点而赶工期的“卡脖子”工程。在“时间压倒一切”的情况下，边勘察、边设计、边采购、边施工、边整改的项目屡见不鲜，“抢”出来的工程往往“先天不足”，质量难以保证。“赶工期”这种现象在很多项目中都会出现，对政府来说，赶工期可以加快项目建设进度，尽早发挥项目作用，实现预期效益；对业主单位来说，工程早点投入使用可以减少建设期成本；施工单位则可以节省时间对接其他工程。质量安全是工程的“生命线”，质量安全不佳，不仅影响工程寿命和产出效益，浪费资金，还会存在危及生命的重大安全隐患。

据不完全统计，2015—2020 年我国房屋建筑施工事故共发生 986 起，造成 1 315 人死亡，事故类型主要集中在高处坠落、物体打击、坍塌、起重伤害四个方面。事故发生的一个重要原因就是施工工期紧张，造成了人员伤亡和不可预估的经济损失。重大质量事故的频频发生严重影响了市场的健康发展，损害了人民群众的利益。2001 年 2 月国务院批准组建国家安全生产监督管理局，次年改为国务院直属机构，2018 年中华人民共和国应急管理部成立，致力于处理好防灾和救灾的关系。同时，国家和各地住建部门纷纷发文明确“建设单位要科学合理确定工程建设工期和造价，严禁盲目赶工期、抢进度”。

3. **旨在提升交易环节效率、节约交易时间成本的大标段招标建设模式被广泛推广应用**

随着中国城市化进程的快速推进，建筑业市场持续迅猛增长[102]，巨型项目也已成为中国城市和区域发展中最显著的趋势之一，高铁、轻轨、地铁、机场、港口、桥梁、城市更新项目、会展中心和体育场馆等各类巨型项目如雨后春笋般涌现，数量多、规模大、地域广是其最明显的特征。传统的工程建设项目大多采用常规标段划分管理模式，业主根据专业特征对不同的专业工程分别进行招标，标段划分呈现专业化、细小化特点。在这样的标段划分情况下，业主需在寻找合适承包人的过程中多次审查其资质、多次讨价还价与多次订立合约，且项目涉及的利益主体众多会造成建设过程中业主面临多界面管理的困境，这些因素造成整个项目的事前交易成本和事后交易成本陡增。

2007 年，全长 904km 的哈大铁路客运专线首先摒弃“小业主”的建设管理模式，其土建工程改为实行大标段施工总承包建设模式[103]。实践表明，这种招标模式交易费用更低、资源配置效率更高，项目的集成化管理也最大限度地避免了因不同标段施工分离带来的前后脱节和纠纷问题，有效减少了管理界面，极大地保证了工程项目的建设质量。其后，京沪高铁、武广高铁等铁路工程项目乃至高速公路项目都开始尝试大标段招标建设模式，国家和地方纷纷出台政策鼓励采用大标段招标，工程项目管理实践迈入新的阶段。

（二）大标段建设模式应时而生

关于基础设施项目大标段的称谓，目前业界还没有统一，发包人在进行基础设施项目招标的过程中，通常称之为大标段招标模式。而作为承包方，在进行大型基础设施项目投标阶段，普遍采用大标段施工总承包的称谓。而在本书中，则是跳出发承包双方的视角，站在综合视域下进行分析，故将基础设施项目大标段的称谓定为大标段建设模式。大标段建设模式应用并没有很长的历史渊源，无论在何种建设领域，都处于不断摸索和探讨的阶段，尚未形成系统的理论，本节通过对基础设施项目大标段建设模式的研究可以进一步补充大标段建设模式的相关理论。

1. 大标段建设模式的源起

过去十多年间，在新型城镇化、乡村振兴、供给侧结构性改革等国家重大战略驱动下，我国基础设施建设迎来了大踏步、跨越式的发展，相比于基础设施建设初期的工程项目，其投资金额更大、建设周期更长、参与主体更多、管理难度更大，且呈现逐年增长的快速发展趋势[104]。在以往传统的工程建设项目中，为了保证对建设阶段的控制力，通常采用划分常规标段进行管理的建设模式，主要有工程总承包招标和分项工程承包招标两种模式，前者由总承包单位依据项目规模、技术特点等专项分包，后者由业主根据项目特点、专业特征将工程项目划分为若干个标段进行单独招标，把不同阶段的工作单项工程或不同专业工程分解的工作内容分包给各种不同性质的单位[105]。在这样的标段划分情况下，基础设施建设项目被划分成多个小标段，或对工程承包商的资质要求高，或增加业主的管理难度，且标段划分也受到质量、进度、成本等多种因素影响，在很大程度上将影响工程项目的交易环节效率，增加交易时间成本。

随着基础设施项目体量日益增加与内部结构的日益复杂，常规小标段划分的建设模式效率低、管理成本高、资源浪费等弊端日益凸显。同时，由于小标段工程规模小，投标者竞争激烈，买卖资质、证照，围标，串标，违法分包、转包的不法现象也经常发生，工程质量和安全得不到保证。为了规避上述问题，具有降低管理成本、减少招投标风险、降低围标的可能性等优势的大标段建设模式应时而生。在2005年中国铁道建筑总公司和中国铁路工程总公司座谈会上，时任铁道部主管建设的副部长卢春房首次提出了实行大标段招标铁路建设的任务。学界普遍认为大标段建设模式的首次应用是2007年开始建设的哈大铁路客运专线，但在研究过程中，发现早在2005年浦南高速公路项目中就已经采用了大标段建设模式，考虑到2007年铁路项目中采用的大标段建设模式更为成熟，更加偏向本书后文将要界定的大标段建设模式雏形，故本书认为大标段建设模式始于2007年的铁路项目，而后也在各个铁路专线建设中推广开来，如京沪高铁、武广高铁、兰渝铁路等铁路工程项目。

与常规标段建设模式相比，大标段建设模式一方面发挥大型工程项目承包商优势，将以往的数个小标段合并成为整个大标段发包，将投资风险和项目管理风险转移到承包商身上；另一方面，通过发挥大型承包商内部治理优势，通过构建“建设方—总承包商—工区项目部”的组织模式，既可以发挥总承包商的治理优势，也能保证建设方对工程的约束力，尽可能发挥承包商的专业优势和规模效应。在铁路专线建设中取得显著成效后，鉴于高速公路和铁路项目均具有条形特征，相似性较高，广州、深圳、青岛、南京、合肥等城市也在公路、城轨项目中积极借鉴铁路项目的建设经验，逐步引进大标段模式[106]。

传统基础设施建设七大领域包括能源、交通运输、水利、环境保护、农业、林业、重大市政工程[107]，而新型基础设施建设七大领域则是5G基站建设、特高压、城际高速铁路和城市轨道交通、新能源汽车充电桩、大数据中心、人工智能、工业互联网[108]。不难发现，铁路、公路、城轨等交通运输类基础设施建设项目一直都是基础设施建设的重点。

2. 大标段建设模式的政策环境

政策执行是政策方案付诸实施的阶段[109]，良好的政策开端是实现我国基础设施建设快速发展的“翅膀”。2005 年，时任铁道部副部长卢春房在胶新铁路建设管理现场会上明确提出铁路工程采用大标段划分的举措。之后在 2008 年四万亿的经济刺激计划实施下，国务院常务会议上正式提出“进一步扩大内需的十项措施”，其中措施的第三点便是加快铁路、公路和机场等重大基础设施建设。也是在这个时间节点，大标段建设模式更加广泛地运用到基础设施建设项目中来，从铁建设〔2008〕240 号文更能剖析出政策背后国家对于铁路工程大标段招标的坚持态度，大标段模式在铁路工程上的政策支持在此时达到了顶峰。2009 年青海省农村公路会议提出要推行大标段施工，重点是通乡公路和大中桥项目，这也体现出大标段模式在向公路工程建设领域渗透应用。在之后的十几年里，大标段模式在高速公路、城轨、水利工程方面均有经典案例出现，这和我国工程招标政策的支持是密不可分的。下面对国家及地方政府部分会议资料梳理汇总，详见表 2–1。

表 2–1　国家及地方政府会议梳理

会议名称	召开时间	发言人	发言稿节选	会议精神落实效果
胶新铁路建设管理现场会	2005.6.20	时任铁道部副部长卢春房	铁道部正在调整工程招投标工作的思路，将推出一些新的举措：一是采取大标段措施。今后的工程招标，标段划分宜大不宜小，如京沪电化投资近 50 亿元，就只设一个标段。二是大力推行工程总承包。三是招标工作要与质量信誉评价结合起来，具体做法前面已经讲了。四是要修改招投标办法，简化评标程序，尽可能给施工单位提供方便，同时也减少招标单位的工作量	首次在铁路工程建设中提出大标段模式

续表 2-1

会议名称	召开时间	发言人	发言稿节选	会议精神落实效果
青海省农村公路会议	2009.1.20	时任青海省交通厅副厅长、省公路局局长周勇智	2009 年是开展“农村公路建设质量年”活动的第二年，我们要在全省农村公路建设中开展“保质量、促进度”百日劳动竞赛活动，强化质量意识，规范施工程序；进一步强化农村公路招投标工作，推行大标段施工，重点是通乡公路和大中桥项目	青海省对干线公路实施大标段招标，将路基路面标段业主控制价划在 1.5 亿元左右。通过一年的实践，各建设单位和施工单位普遍反映实施大标段划分方便了建设单位协调管理、降低了管理成本、有利于施工队伍加大机械设备投入，对施工进度、安全、环保都起到了积极作用

资料来源：政府官网。

大标段建设模式是中国速度的创新之举，它的广泛推行与应用离不开国家与地方政策的支持，正确的国家政策导向驱动规模化、集成化、标准化的理念深入地方基础设施建设之中。故本书从国家层面的纲领性政策和地方层面的响应性政策进行了相关资料的收集与梳理，具体内容见表 2-2。

表 2-2 国家层面的纲领性政策梳理

工程类型	政府职能部门	政策标题	文号	公开日期	相关政策节选	政策解读
铁路工程	中华人民共和国铁道部（已撤销）	《关于铁路大中型建设项目施工招标投标有关问题的通知》	—	2003.04.21	三、投标标段划分及每个标段投标人个数本着有利于工程建设与管理，标段划分宜大不宜小	在铁路工程建设政策文件中大标段招标模式初见端倪
	中华人民共和国铁道部（已撤销）	《关于优化建设项目管理改进评标方式提高工程质量的指导意见》（已废止）	铁建设〔2004〕89 号	2004.8.12	一、改进工程承包方式实施建设项目总承包，是国际通行的工程建设实施方式。积极推行总承包，是深化铁路工程建设项目实施方式改革、提高工程建设管理水平、保证工程质量和投资效益的重要措施。通过合理加大工程标段，鼓励承包商加快技术进步，实行科学管理，降低管理成本，达到规模效益	在铁路工程建设政策文件中首次显现出国家对总承包方式的肯定及鼓励态度。与上述 2003 年的文件相比，科学合理的政策导向蕴含在标段划分中

续表 2-2

工程类型	政府职能部门	政策标题	文号	公开日期	相关政策节选	政策解读
铁路工程	中华人民共和国铁道部（已撤销）	《铁路建设项目工程总承包办法》（已废止）	铁建设〔2006〕221号	2006.12.10	第四条　建设项目可以整体实行工程总承包，也可以对其中相对完整独立的综合工程区段、专业或单项工程实行工程总承包。综合工程区段长度一般不小于50公里，专业工程标段长度一般不小于100公里	—
	中华人民共和国铁道部（已撤销）	《关于进一步改进和加强铁路建设项目招标投标工作的通知》（已废止）	铁建设〔2008〕240号	2008.12.4	三、关于施工标段划分 （一）划分原则 1.坚持大标段原则。充分考虑施工企业技术管理、施工队伍、工装设备（包括制运架梁、铺轨等重要施工机械设备）和相关产品、构件的经济运距等资源配置优势，注重发挥规模效益，提高工作效能，确保大规模铁路建设顺利进展	规范铁路建设项目招投标工作，鼓励符合条件的设计、施工、监理企业积极参与铁路建设
	中华人民共和国铁道部（已撤销）	《铁路建设工程施工招标投标实施细则》（已废止）	铁建设〔2010〕205号	2010.10.31	第十一条　标段划分原则 （二）大标段原则。充分考虑施工企业技术管理、队伍、工装（包括制运架梁、铺轨等重要施工机械）和构件经济运距等资源配置优势，发挥规模效益，确保铁路建设顺利展开	坚持大标段原则——大标段原则的转变
	中华人民共和国铁道部（已撤销）	《关于铁路建设项目施工招标标段划分工作的指导意见》（已废止）	铁建设〔2011〕182号	2011.12.1	一、施工招标标段划分原则 （一）坚持科学合理原则。在保证项目整体安排最优的前提下，合理确定标段，实现建设项目系统效果最优。 （二）坚持施组优化原则。 （三）坚持安全第一原则。 （四）坚持效能优先原则。 （五）坚持专业优先原则	吃饱—吃好的转变

续表 2-2

工程类型	政府职能部门	政策标题	文号	公开日期	相关政策节选	政策解读
铁路工程	中华人民共和国铁道部（已撤销）	《铁路建设工程施工招标投标实施细则》（已废止）	铁建设〔2012〕92号	2012.5.31	第九条　铁路建设项目具备招标条件后，建设单位应严格按照标段划分原则划分标段，并按照铁道部相关规定编制招标计划，招标计划报铁道部审批	—
	中国铁路总公司	《铁路建设项目施工招标投标实施细则（试行）》	铁总建设〔2015〕146号	2015.4.30	第十二条　铁路建设项目具备招标条件后，招标人应严格按照标段划分原则划分标段，并按照总公司相关规定编制招标计划，招标计划报总公司审批。 第十三条　标段划分原则 （一）坚持科学合理原则。在保证项目整体安排最优的前提下，合理确定标段，实现建设项目系统效果最优。 （二）坚持施组优化原则。 （三）坚持安全第一原则。 （四）坚持效能优先原则。 （五）坚持专业优先原则	标段划分原则趋于稳定，大标段的建设思想不再刻意凸显，标段合理划分即为最好
公路工程	中华人民共和国交通部	《公路工程施工招标投标管理办法》（已废止）	交通部令2006年第7号	2006.6.23	第十二条　公路工程施工招标，可以对整个建设项目分标段一次招标，也可以根据不同专业、不同实施阶段分别进行招标。 第十三条　公路工程施工招标标段，应当按照有利于对项目实施管理和规模化施工的原则，合理划分	在公路工程建设政策文件中大标段招标模式初见端倪：大规模化的生产会越来越多，标段的金额随之增大。规模化施工将有利于工程项目扩大有效投入、减少总体成本开支、施行标准化规范化管理。以往标段划分得小，标段数量多，无论是建设单位或是施工企业的管理成本投入就居高不下，很多还都是无效投入。许多大的施工企业去做小项目，因为利润率低而违规分包的行为也很多

续表 2–2

工程类型	政府职能部门	政策标题	文号	公开日期	相关政策节选	政策解读
公路工程	中华人民共和国交通运输部	《公路建设项目施工招标投标管理办法》征求意见稿	—	2013.3.29	第九条　标段的划分应当有利于项目管理和标准化施工，鼓励采用总承包招标或者大标段招标	可见国家对大标段招标模式的发展应用持乐观态度，前瞻性原则得到充分体现
	中华人民共和国交通运输部	《公路工程建设项目招标投标管理办法》	交通运输部令 2015 年第 24 号	2015.12.8	第二十条　招标人可以实行设计施工总承包招标、施工总承包招标或者分专业招标	招标并没有规定必须是总承包，国家只是提倡对建筑工程实施总承包，大标段招标模式即为工程总承包下的一类招标模式
	中华人民共和国交通运输部	《关于进一步加强普通公路勘察设计和建设管理工作的指导意见》	交公路发〔2022〕71 号	2022.6.8	三、加强勘察设计和建设管理 （十）鼓励推行大标段招标、项目群“打捆”招标、“代建＋监理”招标、设计施工总承包等，吸引优秀企业参与建设，提高工程管理能力	普通公路是相对于高速公路而言的，包括普通国省干线公路和农村公路。我国公路建设经过多年的发展，建立了较为完备的制度体系。但由于普通公路体量小、分散、建设投资标准相对较低，有的项目管理能力偏弱，施工力量不强，施工标准化程度不高，建设水平容易产生波动。因此，该条政策的出台将推动大标段招标模式在我国普通公路建设领域的实践应用

资料来源：政府官网。

各个地方政府以国家出台的政策文件作为基准性文件，依据本省的实际建设情况，做出细节上的微调后公布至各个下级单位。具有先导性试行、典型性运用的省级行政区与直辖市政策梳理，具体内容见表 2–3。

表 2–3　地方层面的响应性政策梳理

地方政府	政府职能部门	政策 / 通告标题	文号	公开日期	相关政策 / 通告节选	政策解读
深圳市	深圳市人民政府	《关于加强建设工程招标投标管理的若干规定》（已废止）	深府〔2008〕86 号	2008.5.8	第十二条　鼓励建设工程分包进行招标发包	

续表 2-3

地方政府	政府职能部门	政策 / 通告标题	文号	公开日期	相关政策 / 通告节选	政策解读
深圳市	深圳市人民政府	《关于建设工程招标投标改革的若干规定》	深府〔2015〕73 号	2015.8.18	第十三条 提倡大标段或者总承包招标。招标人应当根据自身项目管理能力，结合承包企业的经济、技术和管理实力，合理划分标段，明确总承包范围	与 86 号文对比可以发现，政府的态度已经由鼓励分包转变为鼓励大标段或总承包招标
	深圳市住房和建设局	《关于进一步完善建设工程招标投标制度的若干措施》	深建规〔2020〕1 号	2020.1.22	第十条 鼓励和提倡大标段招标。下列情形宜实行大标段招标，工程现场或工期有特殊要求的除外：（一）采用施工总承包、设计—施工总承包（DB）、设计—采购—施工总承包（EPC）或建设—运营—移交（BOT）等方式实施的项目；（二）单个施工总承包标段中的同类专业工程	引导优质企业主动参与市场竞争，减弱企业被挂靠的动机
广东省	广东省交通运输厅	《六个坚定不移 构建交通系统治理商业贿赂长效机制》	—	2007.7.10	四、坚定不移地走机制创新的道路 2. 广明高速公路西樵至更楼段和广深沿江高速公路两个项目中试行大标段招标方式，以减少或杜绝劣质企业以不正当手段进行恶性竞争的可能	
	广东省人民政府	《关于印发广东省促进建筑业高质量发展若干措施的通知》	粤府办〔2021〕11 号	2021.5.10	（六）实施新型工程组织管理模式。政府和国有资金投资项目带头推行工程总承包，各地级以上市要明确每年不少于 20% 的政府和国有资金投资项目实施工程总承包。鼓励社会投资项目采用工程总承包方式组织工程建设	

续表 2–3

地方政府	政府职能部门	政策 / 通告标题	文号	公开日期	相关政策 / 通告节选	政策解读
广东省	广东省交通运输厅	《广东省普通干线公路建设工程质量提升指导意见》	粤交质〔2021〕807 号	2022.3.29	三、主要措施 （二）以合理大标段方式实现规模效益，吸引实力强、信誉好的勘察设计、监理、施工、试验检测企业参与工程建设	
浙江省	浙江省交通运输厅	《浙江省公路水运工程施工招标投标管理实施细则（修订）》（有效期至 2022 年 12 月 31 日）	浙交〔2012〕329 号	2012.12.31	第十五条　公路、水运工程施工招标标段，应当按照有利于项目实施管理和规模化施工的原则合理划分。公路工程的路基、路面、桥梁、隧道等主体工程，各标段规模宜按以下合同额控制：高速公路 4 亿元 ~ 8 亿元，一级公路 1.5 亿元 ~ 4 亿元，二级公路 3 000 万元 ~ 1.5 亿元，跨海通道等特殊项目除外。公路工程的交通安全设施、机电、绿化、房建等其他附属工程可分别划分独立标段	在浙江省交通运输厅于 2005 年 5 月 12 日颁布的《细则》（前一个版本）中则建议高速公路标段划分以 2 亿元 ~ 5 亿元为宜；一级公路 5 000 万元到 1.5 亿元为宜；二级公路 3 000 万元 ~ 5 000 万元为宜。 与 2005 年版本中提到“标段应按有利于建设管理和承包人组织机械化施工、合理投入来合理划分”相比，突出了“规模化施工”的重要性
海南省	海南省住房和城乡建设厅 海南省发展和改革委员会	《海南省房屋建筑和市政工程工程量清单招标投标评标办法》	琼建招〔2017〕337 号	2017.12.27	第八条　提倡大标段或者总承包招标。招标人应当根据自身项目管理能力，结合承包企业的经济、技术和管理实力，合理划分标段，明确总承包范围	

资料来源：政府官网。

3. 大标段建设模式的多维度界定

本小节将从标段划分、规模与金额以及组织形式三个维度对大标段建设模式做出描述，以区别大标段建设模式与传统建设模式的显著特点，并给出本书的大标段建设模式定义。

（1）标段划分维度下大标段界定。

标段划分是建设过程中一个极其重要的环节。《中华人民共和国招标投标法》（后简称“《招标投标法》”）第十九条明确规定，招标项目需要划分标段、确定工期的，招标人应当合理划分标段、确定工期，并在招标文件中载明；《中华人民共和国招标投标法实施条例》第二十四条也指出招标人对招标项目划分标段的，应当遵守《招标投标法》的有关规定，不得利用划分标段限制或者排斥潜在投标人。依法必须进行招标的项目的招标人不得利用划分标段规避招标。

标段划分不但需要考虑工程自身特点，质量、成本、工期三要素目标以及市场性竞争和界面管理等因素[110]，同时也要遵守法律法规，符合系统性、经济性、独立性、适用性等原则。分标太小，参加投标的承包商很多导致发包人招标和评标工作量大大增加，不但增加事前交易成本，还很难吸引到有实力的承包商参与竞争；分标过大，有资格的承包商减少，也会因竞争不足导致承包价格虚高。合理的标段划分不但有利于投标承包商之间充分、良性竞争，降低发包人成本，也可以为后续建设管理奠定良好基础。

传统建设模式中，发包人多把整个建设项目施工阶段分成若干单位工程、分部工程或专业工程等标段，再分别进行招标和发包，这样做可以发挥各承包单位的专业特长，即使局部出现问题，也容易纠正和补救[111]。但随着基础设施建设项目体量日益增大，业主管理跨度太大，容易造成项目协调困难、混乱，最终导致总投资的增加和工期延长。

而大标段建设模式会把建设项目的全部施工任务按照建设顺序或工程范围划分为若干标段然后进行招标。其中建设顺序指有的大型、特大型建设工程由于资金供应、市场需求等方面的原因需要按顺序分期建设，故分期进行划分；把某一整体工程或某一整体工程的某一期工程划分为若干工区，并将上述单个工区或者是多个工区的组合体称为工程范围。将一个整体的建设项目划分为一个标段或较少标段，有利于吸引实力雄厚的大型施工企业集团进行投标，也有助于降低业主缔约、履约、协调、界面管理等方面的成本。

（2）规模与金额维度下大标段界定。

为查询到可靠准确的大标段建设模式下我国基础设施项目发标、中标的相关信息，以下数据均来源于各省市住房和城乡建设厅官网、各建设单位官网。本书遵循以下原则对大标段建设模式基础设施项目规模及金额维度进行界定：①项目相关信息可获取且较全面；②各类项目尽量包含不同省份；③项目的建设规模及金额较有代表性。

整理后的基础设施建设项目如表 2–4 所示。

表 2–4　大标段建设模式基础设施项目规模与金额相关信息梳理

项目类型	项目名称	中标时间	项目规模		标段规模			承包人	工区信息
			项目建设规模	建设投资金额	标段划分	标段建设规模	投资金额		
铁路项目	哈大铁路客运专线	2007.8.1	555.6km	301.23亿元	TJ-1标段	47.154km（8.5%）	1.73亿元（0.6%）	中国中铁股份有限公司	由中铁一局、中铁二局、中铁五局、中铁八局、中铁九局、中铁大桥局参建
					TJ-2标段	162.84km（29.3%）	91.5亿元（30.4%）	中国建筑股份有限公司 / 中铁三局集团有限公司联合体	下设 3 个工区
					TJ-3标段	345.6km（62.2%）	208亿元（69%）	中国交通建设股份有限公司 / 中铁十一局集团有限公司联合体	
	京沪高速铁路	2008.1.5	1 268km	835亿元	TJ-1标段	223.94km（17.7%）	167亿元（20%）	中国铁道建筑总公司—中铁十七局	
					TJ-2标段	169.48km（13.3%）	106.5亿元（12.7%）	中国中铁股份有限公司—中铁一局	
					TJ-3标段	266.62km（21%）	142.7亿元（17%）	中国水利水电建设集团	由 13 个工程局参建
					TJ-4标段	285.74km（22.5%）	170.5亿元（20.4%）	中国铁道建筑总公司—中铁十二局	

续表 2-4

项目类型	项目名称	中标时间	项目规模		标段规模			承包人	工区信息
			项目建设规模	建设投资金额	标段划分	标段建设规模	投资金额		
铁路项目	京沪高速铁路	2008.1.5	1 268km	835 亿元	TJ-5 标段	171.18km（13.5%）	113.2 亿元（13.5%）	中国中铁股份有限公司—中铁三局	
					TJ-6 标段	153.75km（12%）	137.2 亿元（16.4%）	中国交通建设股份有限公司	下设 11 个工区
	兰渝铁路	2009.2.16	430km	223.61 亿元	LYS-1 标段	73.14km（17%）	30.26 亿元（13.5%）	中铁十九局	
					LYS-2 标段	69.96km（16.2%）	35.45 亿元（15.9%）	中铁十六局	
					LYS-3 标段	83.74km（19.4%）	55.3 亿元（24.7%）	中铁一局	
					LYS-4 标段	93.65km（21.7%）	44 亿元（19.7%）	中铁十三局	
					LYS-5 标段	33.45km（7.8%）	18.6 亿元（8.3%）	中交二公局	
					LYS-6 标段	76.94km（17.9%）	40 亿元（17.9%）	中交一航局	
公路项目	浦南高速公路	2005.10	243.99km	80 亿元	A 合同段	89.025km（36.4%）	32 亿元（40%）	中铁十一局	
					B 合同段	86.545km（35.4%）	22 亿元（27.5%）	中铁十五局	
					C 合同段	68.42km（28%）	25.99 亿元（32.5%）	中铁十八局	

续表 2–4

项目类型	项目名称	中标时间	项目规模		标段规模			承包人	工区信息
			项目建设规模	建设投资金额	标段划分	标段建设规模	投资金额		
公路项目	上海—崇明生态大道工程	2018.12.20	37.9km	28.4 亿元	1 标段		6.8 亿元（24%）	上海公路桥梁（集团）有限公司	
					3 标段		5.6 亿元（19.7%）	中铁上海工程局集团有限公司	
					4 标段		7.8 亿元（27.5%）	上海建工集团股份有限公司	
					5–1 标段		3.5 亿元（12.3%）	中铁十五局集团有限公司	
					5–2 标段		4.7 亿元（16.5%）	中交路桥建设有限公司	
	双洮高速公路	2018.5.7	187.203km	110.74 亿元	ST01 标段	187.203km	110.74 亿元	中国中铁股份有限公司	下设 9 个工区，由中铁四局、五局、七局、十局、北京局、物贸、工业九桥等单位参建
	柯桥至诸暨高速公路	2022.5.11	39.27km	79.2 亿元	TJ01 标段	31.49km（80%）	22.1 亿元（27.9%）	浙江交工集团股份有限公司	
					TJ02 标段		15.6 亿元（19.7%）	中交第二公路工程局有限公司	
					TJ03 标段		23 亿元（29%）	中交路桥建设有限公司	
					TJ04 标段	7.78km（20%）	18.5 亿元（23.4%）	中国建筑股份有限公司	
	共和至茶卡公路	2009.6.17	160.8km	13.65 亿元	GC-A	25.95km（16%）	2.58 亿元（18.9%）	青海路桥建设股份有限公司	
					GC-B	134.85km（84%）	2.8 亿元（20.5%）	四川武通路桥工程局	
					GC-C		2.78 亿元（20.4%）	青海油田路桥建设有限责任公司	

续表 2-4

项目类型	项目名称	中标时间	项目规模：项目建设规模	项目规模：建设投资金额	标段规模：标段划分	标段规模：标段建设规模	标段规模：投资金额	承包人	工区信息
公路项目	共和至茶卡公路	2009.6.17	160.8km	13.65 亿元	GC-D	134.85km（84%）	2.79 亿元（20.4%）	青海公路工程建设总公司	
					GC-E		2.7 亿元（19.8%）	青海正平公路桥梁集团有限公司	
公路改造项目	山西省大同市南中环快速路改造工程			18.5 亿元	1 标段		2.5 亿元（13.5%）	北京市政建设集团有限责任公司	
					2 标段		2 亿元（10.8%）	中交一公局第三工程有限公司	
					3 标段		8 亿元（43.3%）	中铁十七局集团有限公司	
					4 标段		6 亿元（32.4%）	山西建筑工程集团有限公司	
	国道 109 宗加至格尔木东公路改造工程	2021.9.29	202.9km	3.76 亿元	ZGSG-1	108km（53.2%）	1.15 亿元（30.6%）	中交二公局第四工程有限公司	
					ZGSG-2	70.5km（34.8%）	1.11 亿元（29.5%）	青海第二路桥建设有限公司	
		2022.6.14			ZGSG-3	24.4km（12%）	1.5 亿元（39.9%）	中铁七局集团第三工程有限公司 / 中铁七局集团有限公司	
城轨项目	南京轨道交通 7 号线	2017.9.19	35.6km	131.2 亿元	D7-TA02 标段	15.3km（43%）	68.4 亿元（52.1%）	中国中铁股份有限公司	由中国中铁旗下的中铁一局、二局、三局、四局、五局、七局、隧道局、上海局、北京局、电气化局 10 个工程局参建
					D7-TA03 标段	20.3km（57%）	62.8 亿元（47.9%）	中国铁建股份有限公司	下设 9 个工区项目部

续表 2–4

项目类型	项目名称	中标时间	项目规模		标段规模			承包人	工区信息
			项目建设规模	建设投资金额	标段划分	标段建设规模	投资金额		
城轨项目	佛山地铁4号线一期	2021.12	九站	37亿元	施工二标	两站两区间（22.2%）	11亿元（29.7%）	中铁一局集团有限公司	
					施工三标	五站五区间（55.6%）	11亿元（29.7%）	中铁四局集团有限公司	
					施工六标	两站三区间（22.2%）	15亿元（40.6%）	中铁七局集团有限公司	
	西安市地铁八号线工程	2019.10.26	49.87km	201.8亿元	一标段	9.77km（19.6%）	65.5亿元（32.4%）	中国建筑股份有限公司	
					二标段	16.3km（32.7%）	62.5亿元（31%）	中国铁建股份有限公司	
					三标段	23.8km（47.7%）	73.8亿元（36.6%）	中国中铁股份有限公司	
	合肥市轨道交通5号线	2017.3.22	40.2km 30站2出入段线	71.4亿元	1标段	5站5区间 1出入段线（16.7%）	11.6亿元（16.3%）	中铁十局集团有限公司、安徽水安建设集团股份有限公司联合体	2个工区
					2标段	6站6区间（20%）	12.2亿元（17.1%）	中国建筑第五工程局有限公司	3个工区
					3标段	6站7区间（20%）	13亿元（18.2%）	中铁十六局集团有限公司	3个工区
					4标段	6站7区间（20%）	15.6亿元（21.8%）	中铁四局集团有限公司	3个工区
					5标段	4站4区间（13.3%）	10.3亿元（14.4%）	中铁八局集团有限公司	2个工区
					6标段	3站3区间 1出入段线（10%）	8.7亿元（12.2%）	中国中铁航空港建设集团有限公司	2个工区

续表 2-4

项目类型	项目名称	中标时间	项目规模		标段规模			承包人	工区信息
			项目建设规模	建设投资金额	标段划分	标段建设规模	投资金额		
城轨项目	青岛市地铁5号线工程	2021.11.29	32.36km	121.6亿元	一标段	14.8km（45.7%）	53.9亿元（44.3%）	中国铁建股份有限公司、中铁十一局集团有限公司、中铁十二局集团有限公司、中铁十四局集团有限公司、中铁十七局集团有限公司、中铁十八局集团有限公司联合体	
					二标段	17.56km（54.3%）	67.7亿元（55.7%）	中国中铁股份有限公司、中铁发展投资有限公司、中铁一局集团有限公司、中铁二局集团有限公司、中铁三局集团有限公司、中铁四局集团有限公司、中铁五局集团有限公司、中铁十局集团有限公司、中铁隧道局集团有限公司、中铁上海工程局集团有限公司、青岛市政空间开发集团有限责任公司联合体	

续表 2–4

项目类型	项目名称	中标时间	项目规模		标段规模			承包人	工区信息
			项目建设规模	建设投资金额	标段划分	标段建设规模	投资金额		
城轨项目	南昌市轨道交通2号线一期工程	2013.9.25	23.78km，9站12区间1车辆段出入段线1中间风井	26.6亿元	01合同段	1个车辆段出入段线、2站2区间（22.2%）	7.5亿元（28.2%）	中铁隧道集团三处有限公司	
					02合同段	3站3区间（33.4%）	6.8亿元（25.5%）	中铁二局股份有限公司	
					03合同段	2站3区间（22.2%）	5.5亿元（20.7%）	中铁十八局集团有限公司	
					04合同段	1中间风井、2站4区间（22.2%）	6.8亿元（25.6%）	中铁隧道集团有限公司	
桥梁项目	乐清湾大桥	2014.9.5	35.7km	120亿元	乐清湾1号桥施工及栈桥施工、乐清湾2号桥施工标段	6.5km（18.2%）	15.29亿元（12.7%）	中交第一公路工程局有限公司	
					第1标段	9.2km（25.8%）	104.71亿元（87.3%）	中铁四局集团第二工程有限公司	
					第2标段	6.7km（18.8%）		中交第二公路工程局有限公司	
					第3标段	5.2km（14.5%）		中铁四局集团第一工程有限公司	
					第4标段	5.1km（14.3%）		浙江交工路桥建设有限公司	
					第7标段	3km（8.4%）		中交第二航务工程局有限公司	

续表 2-4

项目类型	项目名称	中标时间	项目规模		标段规模			承包人	工区信息
			项目建设规模	建设投资金额	标段划分	标段建设规模	投资金额		
桥梁项目	温州瓯江北口大桥工程	2017.2.13	5 822.86m	29 127万元	BKTJ-02	3 219.864m（55%）	13 392万元（46%）	中交第一公路工程局有限公司	
					BKTJ-03	2 603m（45%）	15 735万元（54%）	中交第二航务工程局有限公司	
水利项目	青海省引大济湟西干渠灌溉工程田间配套建设项目	2021.12.29		1.958 6亿元	标段一		6 724万元（34.3%）	青海省水利水电工程局有限责任公司	
					标段二		5 534万元（28.3%）	中铁三局集团有限公司	
					标段三		3 319万元（16.9%）	甘肃省水利水电工程局有限责任公司	
					标段四		4 009万元（20.5%）	四川圆瑞建设工程有限责任公司	
市政工程及配套设施项目	南京浦口智慧新城特许经营项目	2020.12.8	626.98hm^2	177亿元		626.98hm^2	177亿元	中交投资有限公司	联合体成员：中交第一航务工程局有限公司、中交三航局第三工程有限公司、中交公路规划设计院有限公司
	北京新机场航站楼	2016.1.28	143 万 m^2	800亿元	一标段	航站楼核心区及综合交通中心土方、降水、护坡及桩基础工程	1.3亿元	北京城建集团	
					二标段	旅客航站楼核心区及地下综合交通工程	32.7亿元	北京城建集团	

续表 2-4

项目类型	项目名称	中标时间	项目规模		标段规模			承包人	工区信息
			项目建设规模	建设投资金额	标段划分	标段建设规模	投资金额		
市政工程及配套设施项目	北京新机场航站楼	2016.1.28	143 万 m^2	800 亿元	三标段	旅客航站楼指廊及地下综合交通工程		北京建工集团	
					四标段	停车楼和综合服务楼及地下综合交通工程		中建八局	

正如表 2–4 所示，浦南高速公路项目和哈大铁路客运专线是我国较早应用大标段建设模式的基础设施建设项目，中标的总承包单位充分发挥了自身的管理协调优势、资源配置优势、交易成本优势、风险控制优势等，有效遏制了工程建设中挂靠借用资质投标等突出问题，使项目建设取得了良好的建设效率和经济效益。大标段建设模式在这两个项目中获得成功为其他基础设施建设项目中大标段建设模式的应用奠定了基础，大标段建设模式在基础设施建设领域的使用日益广泛。

公路和铁路相对于其他基础设施项目应用大标段建设模式的时间较早。由于铁路项目建设难度大、单位造价高，通常设立标段数量与其他类型项目相比较多。每个标段占比整个项目、投资建设规模比例较小，仅占比 14% ~ 19%，但每个独立标段的规模通常在 400km 以上，每个独立标段合同金额也达到几十亿元。公路项目比铁路项目更加灵活，海南、青海多地对公路项目大标段建设模式有着极为广泛的应用。在对大标段建设模式的公路项目投资、建设规模的研究中，王首绪[112]等学者指出公路项目大标段模式的投资规模一般在 10 亿元及以上、建设规模在 20km 及以上。在已建项目中，公路项目每个标段建设规模占比为 21% ~ 28%，投资规模为 14% ~ 29%，通常划分为 3 ~ 5 个标段。

城市轨道交通项目、桥梁项目同铁路、公路项目相似，都具有线性特征。近年来，在广州、南京等城市的地铁建设中，逐步引入大标段建设模式。石锐[113]认为大标段建设模式下城市轨道交通项目通常划分为 2 ~ 3 个标段，一些特殊的城市轨道交通项目受工作量或地理位置的影响会选择整体划分为一个标段或多个标段。大标段建设模式的城市轨道交通项目一般投资规模在几十亿元到几百亿元之间，每个标段的建设规模达到总项目建设规模的 24% ~ 46%，投资规模达到总项目投资规模的 27% ~ 42%。桥梁项目由于施工环境多为复杂环境，施工难度较大，划分标段时通常将几千米作为一个标段进行施工，每个标段建设规模占比 15% ~ 32%，投资规模占比 17% ~ 26%。

随着我国对基础设施项目的重视程度逐步提高以及大标段模式应用的成熟，水利水电工程、市政工程及配套设施项目等也引进了大标段建设模式。青海省引大济湟西干渠灌溉工程田间配套建设项目将项目划分为四个标段，每个标段投资规模在 25% 左右。市政工程及配套设施项目建设规模和投资规模较大，南京浦口智慧新城特许经营项目将整体项目划分为一个大标段，而北京新机场航站楼项目划分为四个标段。由于水利项目和市政工程及配套设施项目样本较少，说服力较弱，且本书在界定大标段建设规模及投资金额维度时采用基础设施建设常见领域，因此暂不利用这两类项目的数据。除去特殊项目外，剩余不同类型数据排序后除去最大值及最小值，分别取前、后半段的平均数作为不同基础设施项目类型大标段建设模式各标段建设、投资规模占比范围，汇总后结果如表 2–5 所示。

表 2–5 大标段建设模式基础设施项目各标段建设、投资规模占比汇总

项目类型	标段建设规模占比范围 /%	标段投资规模占比范围 /%
铁路项目	14 ~ 19	14 ~ 19
公路项目	21 ~ 28	14 ~ 29
桥梁项目	15 ~ 32	17 ~ 26
城轨项目	24 ~ 46	27 ~ 42

据此，从建设规模和投资规模角度下考量，本书对大标段建设模式的界定为：大标段建设模式是将整个项目根据不同项目类型划分为如表 2–5 所示建设规模、投资规模的标段，再将所划分标段一个至几个或项目整体进行发包的建设模式。

（3）发承包维度下大标段界定。

目前国内基础设施项目招标标段划分一般有大标段与常规标段两种方式[114]。常规标段一般采用传统施工总承包模式，也是我国主要采用的模式[115]，该模式是由业主按照基础设施项目规模划分为多个相应的标段，通过招标确定承包单位，一个工程项目往往由多家施工总承包企业共同完成；而大标段一般采用大标段建设模式，是业主将项目分为较少的几个标段，由大型建筑施工企业总承包中标后进行内部分配施工。

随着我国基础设施领域的快速发展，铁路、公路、地铁等基础设施项目的投资规模、资金需求量和建设里程逐年增长。传统的建设模式已经无法满足大规模基础设施项目的建设要求，一方面发包人项目组织管理面临着信息沟通不畅、管理资源紧张等问题。另一方面，承包人存在着施工建设水平高低不齐[116]；资源调配不均衡，无法发挥规模优势[117]；管理效率低下，协调能力差，无法做到标准化施工等问题，改革的呼声越来越大。

传统的建设模式不能完全适应当前大规模基础设施项目建设要求，因此铁路、公路以及轨道交通等领域相继使用了大标段建设模式[118]。与传统的模式相比，这种大标段的模式，一方面可以在管理中统一指挥，最大限度地保障工程的质量和工期，减少对外各方之间协调的繁杂，而且能够更早地开工，对于那种工期非常紧张、任务非常繁重的建设项目比较适用；另一方面，通过发挥大型承包商的内部治理优势，构建“发包人—承包人—工区项目部”的组织模式，既可以发挥总承包商的治理优势，也能保证建设方对工程的约束力，尽可能地发挥总承包商的专业优势和规模效应。

最后，本书给出发承包维度下大标段建设模式的界定：大标段建设模式下发包人将整个项目的施工内容打包在一起，或者分为较少的几个标段，在合同中明确相关的承包项目的管理方式，由大型建筑施工企业总承包中标后进行内部分配施工。

（4）组织形式维度下大标段界定。

从承包方的视角来看，在当前已采用的大标段建设模式中，目前国内具备大标段施工能力的建筑企业仅是为数不多的几家“中字头”集团总公司和个别城市的大型建筑集团。上述参建集团有两种常见的总承包模式与一种并不常见的总承包模式。

第一种常见的总承包模式是母公司与二级子公司联合投标，由于母公司与子公司均具有独立法人地位，能以自身名义进行生产经营活动且财产彼此独立。但由于母公司（“中字头”与地方大型建筑企业的一级单位）往往不具备施工生产能力，需要下属具有完备施工体系与能力的子公司加入以组建总承包“兵团”，从而应对工程体态巨量化下的大标段建设。集团公司即母公司在现场授权设立具有临时性质的指挥部，在项目竣工并投入运营后清算解散。子公司在现场授权设立项目经理部以肩负起施工进度、质量、安全等方面的管理职责，具体如图 2–1 所示。

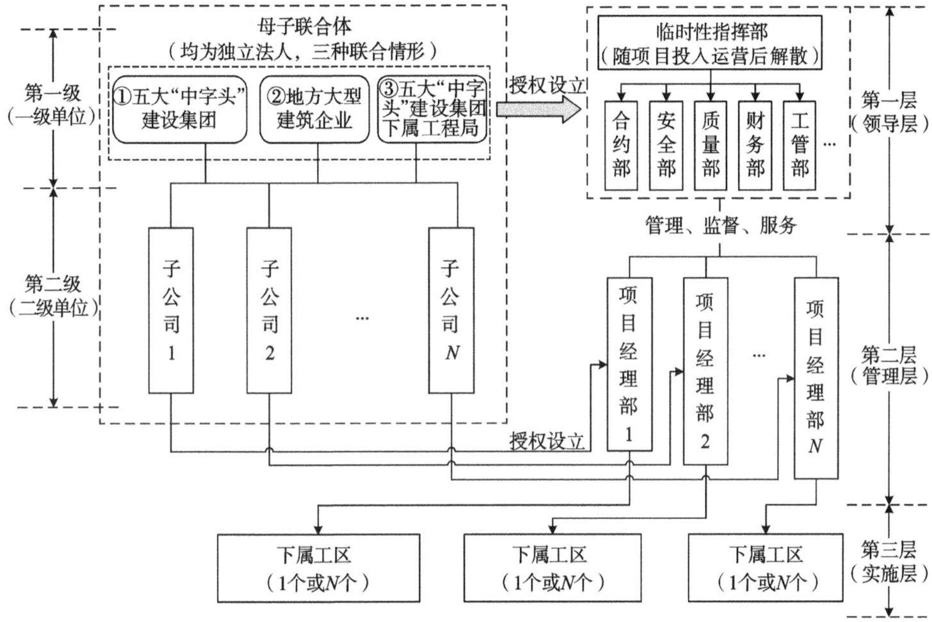

图 2–1　母子联合体总承包下的“两级三层”组织形式

注：③的子公司为“中字头”三级单位。

第二种常见的总承包模式是“中字头”集团的下属工程局（下述均简称为工程局）或者地方大型集团总公司（下述均简称为总公司）独立参与项目投标，这两类企业既是标段的总承包方，同时也是标段的施工主体。其中，总公司的下属分公司不具有独立法人地位，根据《中华人民共和国公司法》第十四条规定，其民事责任由总公司承担。因此，总公司可以在中标后，将施工项目的非主体部分分包给分公司，该操作行为属于公司内部协调，从法律角度讲是具备合法性的。对于工程局来说，由于其本身具备独立施工的资质、能力与条件，故可直接下设项目经理部负责对各个工区的管理，并不需要与下属子公司组建施工联合体。总公司与工程局设立现场指挥部，统筹项目的施工与管理，具体如图 2–2 所示。

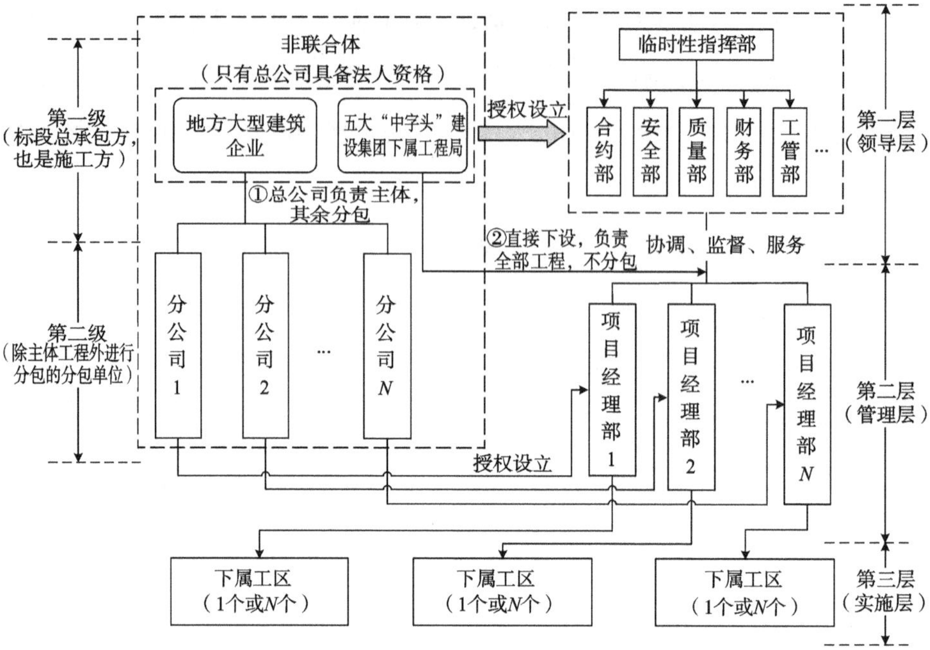

图 2–2　非联合体“两级三层”组织形式

第三种总承包模式在大标段基础设施建设领域并不常见，即五大“中字头”建设集团与地方大型建筑企业是项目的施工总承包单位，两者的下属子公司组建施工联合体，由“中字头”建设集团设立现场指挥部负责对项目经理部的管理监督与服务，具体如图 2–3 所示。

综上，本书可梳理出大标段建设模式下的一些组织形态特征。与常规标段工程项目的管理模式相比，现场指挥部的存在增加了一级管理层和组织机构，在安全质量管理体系上也相应增加了一层内部监督监控机制，为安全质量管理工作提供了坚实的组织保障[104]。在母子联合体或“中地”联合体中标的总承包管理状态下，其实际生产行为由下属二级或者三级单位所设立的工区执行。

综合上述各维度，大标段的显著特征已然明晰，本书结合大标段建设模式的工程实践现状及现有理论研究认为：基础设施大标段建设模式是指基础设施建设项目的发包人在建设项目标段划分过程中，将整个项目按照一定的建设规模与投资规模划分标段，发包人把建设项目的全部施工任务按照建设顺序或工程范围划分为若干标段，并对每个标段内所有工程内容进行施工总承包招标[119]，由大型建筑施工企业总承包中标[120]，以母子联合体、非联合体、五大“中字头”建设集团 + 地方大型建

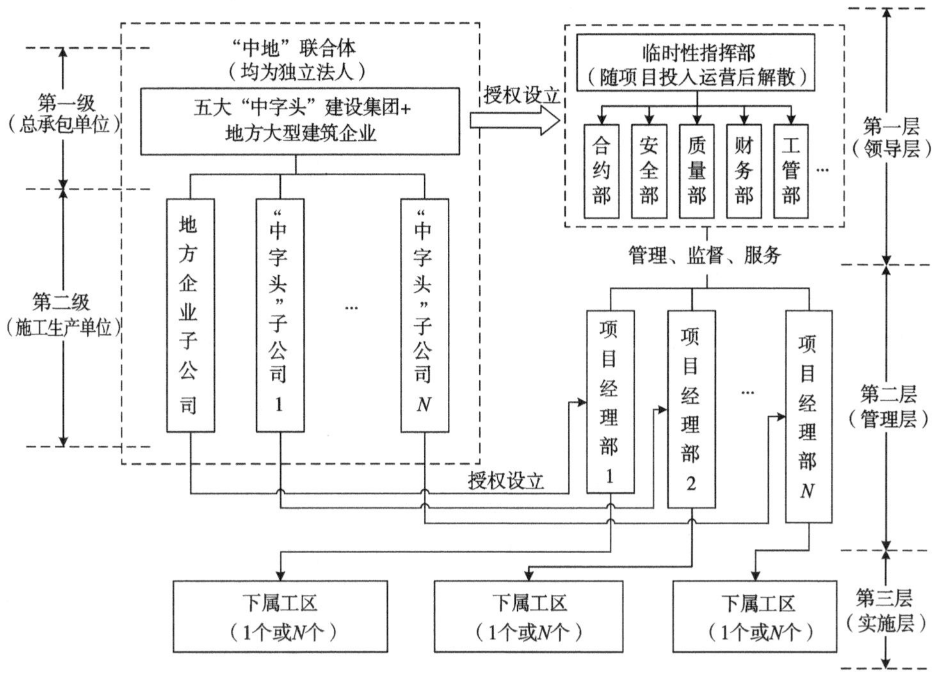

图 2–3　五大"中字头"建设集团＋地方大型建设企业联合体的"两级三层"组织形式

设企业联合体的"两级三层"组织形式进行管理、施工。其中与常规标段相比，增设的现场指挥部统筹项目工区施工组织、计划安排、进度控制、安全质量监督等方面的综合管理工作。

（三）大标段建设模式的显著优势

不同于传统的常规标段建设，实行大标段建设模式的工程项目体量巨大，标段金额增加，而承包商数量减少。在这种情形下，大标段建设模式的优势更为显著，主要体现在以下几个方面：

1. **管理协调优势**

传统标段划分的承包商数量较多，相互之间的管理制度、人员配置等都不相同，在施工过程中容易出现项目管理能力不一，标准化施工不能有效落实等情况，增大了项目管理的难度。而大标段建设模式在目前项目管理业主—各承包商模式上，增加了一级管理机构，即业主—指挥部—项目经理部的管理模式，减少了管理链和管理环节，实现了风险与效益、责任与权利、过程与结果的统一，从而强化了对项目现场的管控，详见图 2–4。

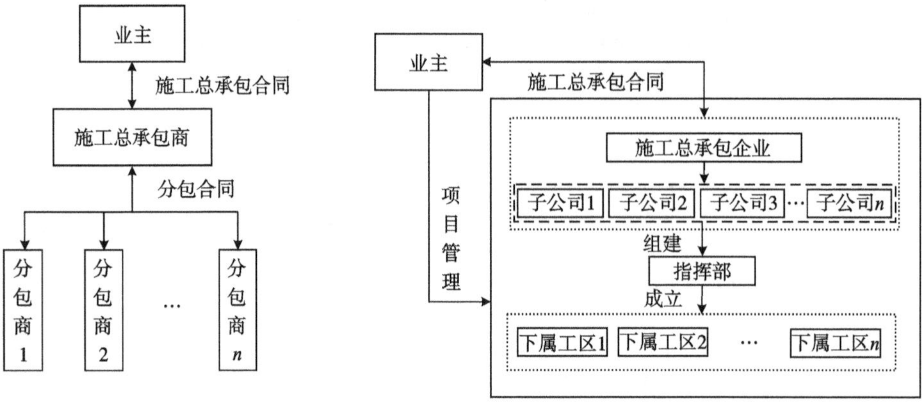

（a）传统标段建设模式　　（b）大标段建设模式

图 2–4　传统标段与大标段建设模式对比

在“两级三层”管理模式下，指挥部可以统一工程项目现场管理，统一施工技术标准，统一工序工艺流程；可以规范和落实施工组织设计、专项施工方案和应急救援预案的编制、专家论证和审核审批制度。指挥部通过建立工作平台，可以在现场安全管理、质量过程控制、施工流程优化、文明工地建设等方面对各工区之间、各作业队实现统筹协调与管理优势最大化。有利于实施标准化管理、避免因界面冲突而引起的工期拖延。根据联合体分工和各集团公司的优势，统一组建的项目经理部形成项目设计管理、采购管理、施工管理、试运行管理，并建立联合体项目部运行机制。

2. 资源配置优势

基础设施建设项目通常包括劳动力、材料、机械设备等有形资源，以及技术、时间、空间、资金等无形资源。项目建设施工的过程就是各类资源被消耗的过程，而大标段项目的中标单位都是具有雄厚实力的国企建设单位，下属的工程局可以在指挥部的统筹下，充分调配全公司范围内的优质资源，从而提升项目建设过程中的施工技术力量以及机械设备先进水平，有利于发挥总承包商的规模效应，提升资源配置效率。

3. 交易成本缩减

由于项目经理部的设立和从源头对进场单位、人员、设备进行把控，现场工作完全可以按照建设单位和招标文件的要求执行，业主可以把其他工作委托给企业总部设立的项目经理部去落实，可以抽出更多时间考虑和抓住项目的主要矛盾以及其他工作，降低了对项目实施的决策、监督、管理成本。从总承包方的视角来看，在物资集采、施组优化等方面大幅节约经济成本与时间成本，保证各施工节点间的资源平衡。

4. 风险控制强化

任何建设项目都内含风险，不可能消除与特定项目相关的所有风险，但风险是可以通过一定的措施、手段予以控制的。联合体中的股份公司作为风险控制的主体，与下属工程局针对交易双方的“责、权、利”进行多轮谈判协商，从而明确各自的风险管理范畴，合同的订立可以极大地约束项目参与者的行为，项目各方之间有效地分配风险，进而降低风险和提高项目绩效，有力保证对项目的工期、质量和安全等风险的控制。

二、“双巨头”博弈下的信任交互

（一）“双巨头”博弈

在传统建设模式下，尽管法律上承认承包人和发包人地位平等，但由于“狼多肉少”“僧多粥少”等现实原因[121]，资源投入、风险分担、行为倾向等因素影响着合作关系中的利益分配[122]，承包人与发包人地位存在严重失衡。发包人占有绝对主导地位，左右着发包市场，影响着承包人的收益和命运[123]。例如，发包人可能会利用自己的发包优势恶意压低价格，承包人无法“讨价还价”，抑或是发包人在合同中设置免除自身责任、增加承包人责任、排除承包人权力等有失公平的条款[124]，使得承包人权益很难得到保障。

近年来，旨在提升交易环节效率、节约交易时间成本的大标段建设模式在高速公路、城轨等基础设施项目中进行了广泛应用。该模式不仅有效地降低了缔约、履约、协调、界面管理等方面的交易成本，同时还改善了传统建设模式中的发承包双方关系，由之前的“发包人市场”转变为资源聚集的“双巨头”态势。“双巨头”中的承包人往往具有实力雄厚、技术人才资源丰富、综合管理水平高等特点，在招标过程中可以节省发包人的资格审查、评标、考察时间，招标费用等成本，承包人也比以往拥有更多的资源，使得发包人撤回投资或重新选择承包人的成本巨大，从而使承包人拥有更多的话语权。同时，承包人在投标和项目建设过程中也会充分调配全公司范围内的优质物力、人力资源，并购置项目专用资产设备，这也使承包人退出的壁垒更高。势均力敌的“双巨头”都拥有摧毁对方的资源和能力，进一步加剧套牢（Hold-up）程度。

聚焦于基础设施建设项目的组织间信任，由于项目参与方的有限理性、信息不对称、合同不完备等局限性，信任是唤起双方合作行为的前提[125]，使得发承包双方可以主动优化合同条款，协调各方利益。信任的存在既体现在发包人出于对承包人利益考量而制订的柔性合同上，也表现为承包人对风险的接受。发包人的合同治理控制协调能力与承包人企业内部的行政控制力和协调适应能力激励相容[126]。在这一过程中，“双巨头”相互博弈，其价值目标的一致性有利于打造双方的信任关系，信任成为“双巨头”相互套牢态势下的一种必然选择。

工程项目治理的研究始于解决发包人与承包人之间的委托代理问题，按照传统委托代理理论假设，发承包双方均为持有自利偏好的经济人，因此沿着激励和监督两条路径展开研究一直以来为该领域的主流范式[127]。然而，实验经济学中发现的大量亲社会行为促使经济学家不满于传统经济学的自利偏好假设，催生了社会偏好理论在委托代理领域和契约理论中的快速发展，展现了其学理上的建设性和日益广泛的影响力。拉宾（Rabin）和卡墨勒（Camerer）在社会偏好理论的研究方面做出了开创性贡献，提出了基于动机公平的“互利”模型并完整地提出了“社会偏好”概念[128]。博尔顿（Bolton）等则完整地结合了社会偏好理论和实验经济学的研究，并进行理论模型上的构造和分析，标志着社会偏好理论的逐步完善[129]。

借助对效用函数的拓展，信任互惠行为在现实中广泛存在的事实已经被证实[130]。作为委托代理关系抽象的信任博弈和礼物交换博弈研究显示，信任存在于委托代理关系中，进而通过研究找到解决诸如物流及供应链[131]、雇佣关系[132]等领域委托代理问题的策略。尤其是序贯博弈中委托代理问题的研究显示，在一定的互惠敏感度条件下，委托人的最优策略是选择信任代理人，而代理人的最优策略是选择值得委托人信任，信任博弈对代理问题的治理具有有效性[133]。可见，社会偏好理论中的组织间的信任研究，推动了委托代理问题中对信任互惠行为的深入剖析并涌现出相关研究成果，这也为工程项目治理研究体系中项目参与主体信任互惠行为的拓展研究提供了研究基础和借鉴。

1. 基于自利偏好假设的传统项目治理

基于发包人与承包人的“经济自利人”假设，传统委托代理将双方之间的关系设定为相互对抗[134]，工程项目治理研究以监督和制约为主流范式，其目的为遏制承包人的机会主义行为[135]。近年来，以信任、公平[136]、合作等作为核心要素的关系治理机制成为目前工程领域的研究焦点，逐渐形成了契约治理和关系治理的二维互补框架[137-138]，丰富了传统项目治理的研究视角。但上述研究均建立在“经济自利人”假设的基础上，而信任[139]、互惠[140]等行为则具有典型的社会偏好特征，按照传统项目治理路径继续研究显然会受到已有假设前提的限制，因此，对现有假设进行必要的修正和改良就成为后续研究的一项基础性任务。

2. 基于社会偏好假设的信任互惠行为

实验经济学研究中发现大量社会偏好行为存在于委托代理关系中[141]，这与传统的经济自利人假设相悖，促使了学者不满足于传统的经济自利人假设。经济学家利用博弈实验和效用函数等研究工具来解释偏离了理性假设的偏好行为，使得社会偏好理论在委托代理领域迅速发展，尤其在信任博弈[142]、礼物交换等经典博弈实验中社会偏好理论形成了较为成熟的经济模型。具体到工程项目领域中，发承包双方的社会偏好特征也已经被证实，并涌现出相关研究成果[143]，这为工程项目治理中发承包双方的信任互惠行为的拓展研究提供了新的借鉴。

（二）“双巨头”信任螺旋强化模型建构

根据前文分析，在赞得（Zand）（1972）建构的信任交互模型中，完整的信任交互链条实际上是包括施信方信任倾向—受信方信任感知—受信方互惠行为—施信方信任结论反馈四个阶段，信任感知介于信任与互惠行为之间。聚焦于基础设施建设项目中的信任，正是通过上述链条实现信任启动—信任交互—信任强化的螺旋式上升，以此诱使承包人从只执行合同约定的字面履约行为主动选择尽善履约行为。

按照发承包双方合作过程中各阶段发生的时序，本书认为基础设施建设项目的

“双巨头”双方之间的信任交互具体过程主要体现在合同谈判/签订、建设/履约、变更、支付结算四个阶段。需要说明的是，变更阶段在本质上发生在建设/履约阶段的过程中，但由于变更发生时涉及的纠纷、经济利益等问题更多更复杂，例如，承包人对于发包人是否合理支付变更中的增项费用更为敏感，发包人有无对承包人做出的贡献给予合理的额外奖励等事件，故本书将变更单独作为一个阶段进行讨论分析。

由此，本书在赞得（Zand）提出的信任交互模型基础上建构了“双巨头”信任螺旋强化模型，从合同谈判/签订、建设/实施、变更、支付结算四个阶段具体分析在基础设施建设项目中发承包双方如何具体实现信任。

如图2–5所示，基础设施建设项目的四个阶段可概括为三条研究主线：初始信任启动路径、信任感知与互惠行为、履约状态补偿。首先，在合同谈判/签订阶段，发包人在柔性合同中释放出初始信任倾向，双方就合同内容进行谈判、签订；其次，在建设/实施过程中，由于承包人感知到了发包人给予的初始信任倾向，进而做出了互惠行为；再次，在变更发生时，发承包双方再次谈判，发包人给予承包人一定的经济补偿；最后，支付结算阶段进行利益分配，并可以传播承包人的良好信誉，有助于双方的远期合作。

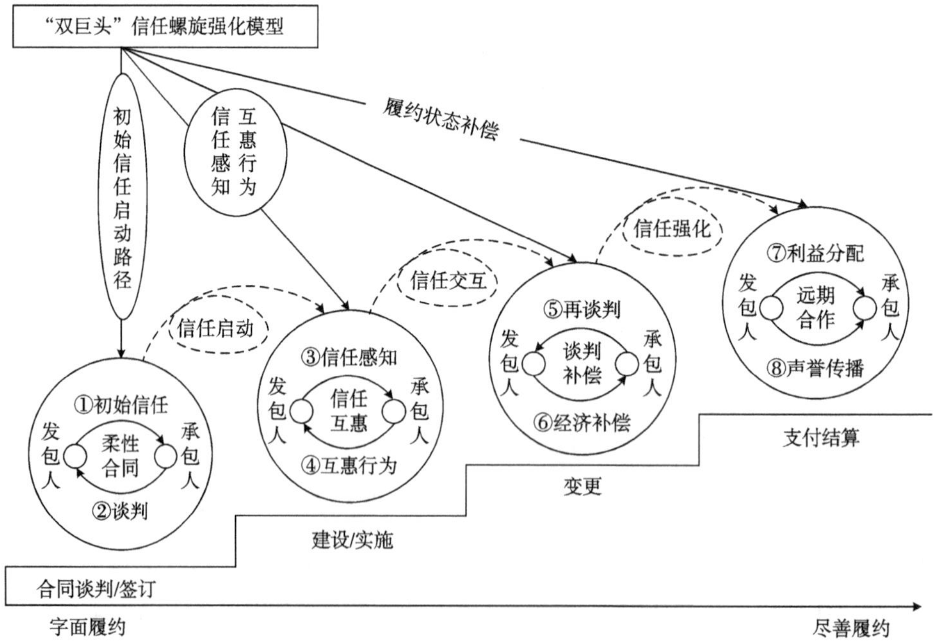

图2–5 “双巨头”信任螺旋强化模型

由于本书主要探究的是信任是如何按照“施信方信任倾向—受信方信任感知—受信方互惠行为—施信方信任结论反馈”的链条进行交互的，在此过程中会受到哪些因素的影响，更加强调的是发承包双方的信任交互具体过程，故本书的研究主线为前两条，即一是研究发包人的初始信任启动路径，二是研究承包人的信任感知与互惠行为。

三、发承包双方信任交互与跃升

（一）发承包双方信任交互与跃升过程

中国的招投标法及其实施条例中规定公共项目必须进行招投标，而绝大多数基础设施建设项目正是大型公共项目，所以必须进行招投标。在这一法律条文约束下，发包人通常需要选择与陌生的承包人合作，而无法自主选择已经合作过的承包人。因此，发承包双方需要首先建立初次合作关系，在不断的信任交互过程中最终达到稳定的强化合作关系。

在赞得（Zand）（1972）建构的信任交互模型的基础上，本书聚焦于基础设施项目中的发承包双方，认为完整的信任交互链条实际上是包括“发包人持续性信任（Trust）—承包人信任感知（Perception）—承包人互惠行为（Reciprocity）—信任结论反馈（Conclusion）”四个阶段，在图 2–6 中具体表现在项目 1 中初次合作，并通过这种信任交互使得发承包双方能够在实施项目 2 中完成信任跃升。由此可见，发承包人双方信任交互在基础设施建设项目实施全过程中是动态演进发展的。

在项目 1 的信任交互中，招投标阶段由发包人给出初始信任倾向，并在谈判缔约阶段将其注入柔性合同中，由此承包人感知到发包人所给予的初始信任，进而在履约阶段通过合同补偿机制诱致承包人回馈以尽善履约的互惠行为，最终达成发承包双方的合作共赢态势；在项目 1 到项目 2 的信任跃升中，正是有了合作的基础，因而处于高信任水平状态，发包人很有可能直接通过柔性合同表达对承包人的高信任，在又一轮的信任交互中诱使承包人主动采取尽善履约的积极行为。

在初次合作的信任交互中，发承包双方完全没有以往合作的历史，因此本书所认为的发包人初始信任倾向是基于双方没有以往合作经验，并在最初的相互作用过

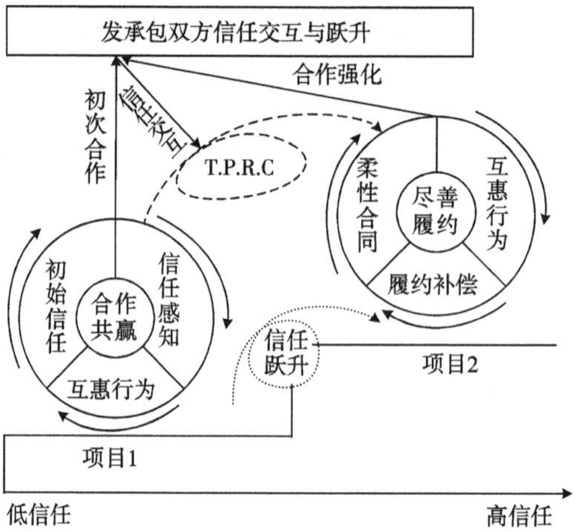

图 2-6　发承包人双方信任交互与跃升

程中，施信方在一定程度上愿意相信受信方的一种心理状态，且这种初始信任将影响到后续的信任交互水平。例如，麦克奈特（McKnight）（1998）等通过研究发现组织间的初始信任对合作双方后续信任的演变以及行为发展都将产生重要的影响[144]。因此如何在初次合作，即缺乏明确合作预期的工程组织中建立初始信任，对于建设工程项目的成功非常重要。

发包人施予初始信任是期望承包人能够回馈互惠行为，而承包人感知到的信任程度将直接影响承包人互惠行为的产生。但目前相关研究中，影响承包人行为的前置变量主要有信任[145]、合同柔性[146]、公平感知[147]、履约意愿[148]等，鲜见有关承包人信任感知与承包人互惠行为之间影响关系的研究成果。目前已有实证研究中，组织行为学领域中的研究已经证明员工感知到上级信任的程度能够影响员工对组织的行为[149]，进而促进组织的整体效能。因此，从组织层面而言，承包人如何感知到发包人信任、承包人信任感知如何影响其自身的互惠行为，都是值得深入探讨和需要解决的问题。

（二）发承包双方信任交互的关键

信任问题高度依赖于特定的关系背景，因此国内对于组织间信任的研究均是在中国情境下进行的。基于此，本书的研究对象是大标段建设模式下的基础设施建设项目，其组织间信任存在于发承包双方，即“双巨头”。

传统委托代理理论假设发承包双方均为持有自利偏好的经济人，因此总是沿着激励和监督两条路径展开研究，一直以来这也是该领域的主流范式。如前所述，信任交互的关键链条为“发包人持续性信任（Trust）—承包人信任感知（Perception）—承包人互惠行为（Reciprocity）—信任结论反馈（Conclusion）”。发包人主动施予初始信任的行为形成了与现有理论假设相矛盾的情况，那么，研究这种初始信任的形成机理与运行机制必然是明晰发承包双方信任交互的关键问题之一。

发包人基于初始信任的目的是期望承包人做出互惠行为，然而承包人互惠行为的前提是感受到发包人在招标文件中显示的信任倾向与体现在合同中的柔性激励条款，囿于行为人的有限理性、不对称信息和交易成本的存在，使得发包人释放出信任信号后，如何确保承包人感知到信任，且诱使承包人选择互惠尽善履约的路径成为一个亟待解决的难题。

1. 发包人初始信任启动路径的研究鲜见

基于社会偏好理论的信任互惠研究显示发包人先给出信任的信号更有利于双方的合作，因此关于发包人初始信任的研究受到青睐。到目前为止，专家学者大多基于承包方的可信任特征对促使发包人信任形成的可信因素进行了研究，并且承包人的能力是发包人产生信任的重要因素已被广泛认同。Shu 等人的研究均认为在合作的组织中发包人对承包人专业技能的感知能够促进其信任的产生[150]。Cheung 等指出受信者以往的业绩能体现其能力，并影响信任的产生[151]。

上述研究认为组织间信任受市场、项目本身属性、施信方与受信方特征的影响，但大多基于承包方的特质，鲜少能从一个综合的视角去探索在复杂因素的共同作用下发包人的初始信任启动路径，而同时对这些因素间相互作用的研究鲜见。因此，发现工程项目组织间初始信任启动的影响因素并分析其作用机理，对于提升项目组织间信任，减少合作中的机会主义行为，保证项目顺利完成至关重要。

2. 承包人信任感知—互惠行为的探讨缺失

如前所述，本书中信任与信任感知的主体分别是发包人与承包人，正是由于两者主体的不同，因此双方的概念、维度、测量均存在差异。且实际上目前工程领域中忽视了承包人的信任感知环节，尤其鲜见的是承包人信任感知与承包人互惠行为之间逻辑关系的研究。基于上述分析，本书将关注探讨感知到信任的承包人做出互惠行为的过程机制。当承包人感知到发包人信任时，是否会激发承包人的互惠行为，这就需要探究承包人信任感知与其互惠行为的相关性，分析承包人信任感知的不同维度对其互惠行为的影响差异。

现有研究对信任感知的研究还处于初步探索阶段，其概念存在混淆，维度也并未统一，进而造成承包人信任感知的测量混乱，大多采用改编信任量表的方式来测量受信方的信任感知，影响了施信方与受信方信任交互过程与机理的准确刻画。

此外，关于互惠行为的前因变量研究主要有公平、信任、利他主义等，而关于受信方信任感知对互惠行为影响的直接研究较为少见。基于信任螺旋强化模型的分析发现，直接影响承包人互惠行为的是其自身的信任感知，这是激发承包人互惠行为产生的核心所在。然而工程项目领域内的研究大多直接分析发包人信任的施予对承包人行为的影响，尚未发现有关承包人信任感知对其互惠行为影响的相关研究。因此本书在第三篇将以此为切入点，将承包人信任感知补充至发承包双方间信任的整体框架中，探究承包人信任感知及其维度对其自身互惠行为的影响机理。

本篇小结

本篇基本厘清了心理学、社会学、经济学和管理学等各领域对信任的研究脉络，也明晰了研究视角从人际信任延伸到组织信任层面的内在逻辑，并对信任机制的相关研究进行了梳理。此外，在基础设施建设项目迅猛增长的中国情景下，未来大标段建设模式将得到更大的推广使用。由于项目参与方的有限理性、信息不对称、合同不完备等局限性，传统项目治理的自利偏好假设已无法解释实践中存在的社会偏好行为，信任必然是增强“双巨头”双方合作关系的纽带，在信任交互模型的基础上本篇建构了基础设施建设项目的“双巨头”信任螺旋强化模型，为后文奠定坚实的理论基础。

参考文献

[1] Zucker L G. Production of trust: Institutional sources of economic structure,

1840–1920［J］. Research in organizational behavior, 1986.

［2］王飞雪，山岸俊男 . 信任的中、日、美比较研究［J］. 社会学研究，1999（02）：69–84.

［3］齐美尔 . 货币哲学［M］. 陈戎女，译 . 北京：华夏出版社，2002：178.

［4］马克斯·韦伯 . 儒教与道教［M］. 王容芬，译 . 北京：商务印书馆，1995：145.

［5］Deutsch M. Trust and Suspicion［J］. Journal of Conflict Resolution, 1958, 2（4）：265–279.

［6］阿瑟·亨德森·史密斯 . 中国人的性格［M］. 姚锦镕，译 . 北京：中国华侨出版社，2011：189–218.

［7］张建新，Michael H. Bond. 指向具体人物对象的人际信任：跨文化比较及其认知模型［J］. 心理学报，1993（02）：164–172.

［8］Rotter J B . A new scale for the measurement of interpersonal trust［J］. Journal of Personality, 1967, 35（4）：651–665.

［9］Hosmer L T. Trust: The connecting link between organizational theory and philosophical ethics［J］. Academy of management review, 1995, 20（2）：379–403.

［10］彭泗清 . 信任的建立机制：关系运作与法制手段［J］. 社会学研究，1999（02）：55–68.

［11］杨中芳，彭泗清 . 中国人人际信任的概念化：一个人际关系的观点［J］. 社会学研究，1999（02）：3–23.

［12］安东尼·吉登斯 . 现代性的后果［M］. 田禾，译 . 南京：译林出版社，2000：19–30.

［13］弗兰西斯·福山 . 信任：社会道德与繁荣的创造［M］. 李宛蓉，译 . 呼和浩特：远方出版社，1998：71–76.

［14］詹姆斯·科尔曼 . 社会理论的基础［M］. 邓方，译 . 北京：社会科学文献出版社，1999：99–125.

［15］陆小娅，彭泗清 . 信任缺失与重建［J］. 中国青年报，1995,（20）.

［16］高兆明 . 信任危机的现代性解释［J］. 学术研究，2002,（04）：5–15.

［17］张静 . 信任问题［J］. 社会学研究，1997，（03）：86–89.

［18］郑也夫 . 走向杀熟之路——对一种反传统历史过程的社会学分析［J］. 学术界，2001，（01）：58–76.

［19］郑永年，黄彦杰 . 中国的社会信任危机［J］. 文化纵横，2011，（02）：18–23.

［20］翟学伟 . 信任与风险社会——西方理论与中国问题［J］. 社会科学研究，2008，（04）：123–128.

［21］加里・S・贝克尔 . 人类行为的经济分析［M］. 王业宇，陈琪，译 . 上海：上海人民出版社，1995：145.

［22］亚当・斯密 . 道德情操论［M］. 蒋自强，钦北愚，等译 . 北京：商务印书馆，1999：19.

［23］Granovetter M. Economic Action and Social Structure: The Problem of Embeddedness［J］. American Journal of Sociology, 1985，91（3）：481–510.

［24］张维迎，柯荣住 . 信任及其解释：来自中国的跨省调查分析［J］. 经济研究，2002，10（5）：59–70.

［25］Dufwenberg M, Gneezy U. Measuring Beliefs in an Experimental Lost Wallet Game［J］. Games and Economic Behavior, 2000，30（2）：163–182.

［26］夏纪军，张来武，雷明 . 利他、互利与信任［J］. 经济科学，2003，（04）：95–108.

［27］徐淑芳 . 信任、社会资本与经济绩效［J］. 学习与探索，2005，（05）：222–225.

［28］Jackson S E, Alvarez E B. Working through diversity as a strategic imperative［J］. 1992.

［29］Lawler Ⅲ E E. The ultimate advantage: Creating the high-involvement organization［J］. 1992.

［30］何宏光，李远行 . 中国社会语境下关系网的发生、运作和变迁［J］. 安徽大学学报（哲学社会科学版），2008，（01）：153–156.

［31］郑伯埙 . 企业组织中上下属的信任关系［J］. 社会学研究，1999，（02）：

24–39.

［32］Powell W V V. NETHER MARKET NOR［J］. Research in organizational behavior, 1990，12：295–336.

［33］Eisenberger R, Huntington R, Hutchison S, et al. Perceived organizational support［J］. Journal of Applied psychology, 1986，71（3）：500.

［34］Nyhan R C, Marlowe Jr H A. Development and psychometric properties of the organizational trust inventory［J］. Evaluation Review, 1997，21（5）：614–635.

［35］Mayer R C, Davis J H, Schoor man F D. An integrative model of organizational trust［J］. Academy of management review, 1995，20（3）：709–734.

［36］McCauley D P, Kuhnert K W. A theoretical review and empirical investigation of employee trust in management［J］.Public Administration Quarterly, 1992：265–284.

［37］Butler Jr J K, Cantrell R S. A behavioral decision theory approach to modeling dyadic trust in superiors and subordinates［J］. Psychological reports, 1984，55（1）：19–28.

［38］Martins N. A model for managing trust［J］. International Journal of Manpower, 2002.

［39］Hogan R, Kaiser R B. What we know about leadership［J］. Review of general psychology, 2005，9（2）：169–180.

［40］Hopkins S M, Weathington B L. The Relationships Between Justice Perceptions, Trust, And Employee Attitudes in A Downsized Organization［J］. The Journal of Psychology, 2006，140（5）：477–498.

［41］Mayer R C, Davis J H. The effect of the performance appraisal system on trust for management: A field quasi-experiment［J］. Journal of applied psychology, 1999，84（1）：123.

［42］Denis J, Lamothe L, Langley A. The Dynamics of Collective Leadership and Strategic Change in Pluralistic Organizations［J］. Academy of Management Journal, 2001，44（4）：809–837.

［43］Whitener E M, Brodt S E, Korsgaard M A, et al. Managers as initiators of trust:

An exchange relationship framework for understanding managerial trustworthy behavior[J]. Academy of management review, 1998，23（3）：513–530.

[44] Poppo L, Zhou K Z, Li J J. When can you trust “trust” ? Calculative trust, relational trust, and supplier performance[J]. Strategic management journal, 2016,37(4): 724–741.

[45] Griffith D A, Myers M B, Harvey M G. An investigation of national culture's influence on relationship and knowledge resources in interorganizational relationships between Japan and the United States[J]. Journal of International Marketing, 2006,14(3): 1–32.

[46] Gulati R. Does familiarity breed trust? The implications of repeated ties for contractual choice in alliances [J] . Academy of management journal, 1995，38（1）: 85–112.

[47] Morgan R M, Hunt S D. The commitment-trust theory of relationship marketing [J] . Journal of marketing, 1994，58（3）：20–38.

[48] Beamish P. Multinational joint ventures in developing countries (RLE International Business) [M] . Routledge, 2013.

[49] Madhok A. How much does ownership really matter? Equity and trust relations in joint venture relationships [J] . Journal of International Business Studies, 2006,37（1）: 4–11.

[50] 王晓玉 . 组织间人际信任 [M] . 上海财经大学出版社，2006.

[51] Palmer J W, Bailey J P, Faraj S. The role of intermediaries in the development of trust on the WWW: The use and prominence of trusted third parties and privacy statements [J] . Journal of Computer-Mediated Communication, 2000，5（3）：JCMC532.

[52] Rousseau D M, Sitkin S B, Burt R S, et al. Not so different after all: A cross-discipline view of trust [J] . Academy of management review, 1998，23（3）：393–404.

[53] Das T K, Teng B S. Between trust and control: Developing confidence in partner cooperation in alliances [J] . Academy of management review, 1998，23（3）：491–512.

[54] Korczynski M. The political economy of trust [J] . Journal of Management

Studies, 2000，37（1）.

［55］Zaheer A, McEvily B, Perrone V. Does trust matter? Exploring the effects of interorganizational and interpersonal trust on performance［J］. Organization science,1998，9（2）：141–159.

［56］Poppo L, Zhou K Z, Ryu S. Alternative origins to interorganizational trust: An interdependence perspective on the shadow of the past and the shadow of the future［J］. Organization Science, 2008，19（1）：39–55.

［57］Luhmann, N. Familiarity, confidence, trust: Problems and alternatives［M］. New York: Basil Blackwell，1988.

［58］Thorgren S, Wincent J. Interorganizational trust: Origins, dysfunctions and regulation of rigidities［J］. British Journal of Management, 2011，22（1）：21–41.

［59］Vlaar P W L, Van den Bosch F A J, Volberda H W. On the evolution of trust, distrust, and formal coordination and control in interorganizational relationships: Toward an integrative framework［J］. Group & Organization Management, 2007，32（4）：407–428.

［60］韩亚品，胡珑瑛．基于混沌理论的创新网络中组织间信任演化研究［J］．运筹与管理，2014，23（04）：219–227.

［61］高杰英．信任研究的经济学视角：一个文献综述［J］．经济学家，2013，（04）：100–104.

［62］Zand D E.Trust and managerial problem solving［J］. Administrative science quarterly,1972，17（2）：229–239.

［63］Zucker L G. Production of trust: Institutional sources of economic structure, 1840–1920［J］. Research in organizational behavior, 1986，（8）：53–111.

［64］Uzzi B. Social Structure and Competition in Interfirm Networks: The Paradox of Embeddedness［J］. Administrative Science Quarterly, 1997，42（1）：35–67.

［65］陈国进．不完全信息与资本市场的发展［J］．经济学动态，1997，（02）：71–73.

［66］Beldad A, Jong M D, Steehouder M. How shall I trust the faceless and the intangible? A literature review on the antecedents of online trust［J］. Computers in Human Behavior, 2010，26（5）：857–869.

［67］McKnight D H, Choudhury V, Kacmar C. Developing and Validating Trust Measures for E-Commerce: An Integrative Typology［J］. Information Systems Research, 2002，13（3）：334–359.

［68］Lewis J D, Weigert A. Trust as A Social Reality［J］. Social Forces, 1985，63（4）：967–985.

［69］Sako M. Price, Quality and Trust: Inter-firm Relations in Britain and Japan［J］. Contemporary Sociology, 1994，23（1）：193–195.

［70］Shapiro D L, Sheppard B H, Cherask L. Business on A Handshake［J］. Negotiation Journal, 1992，8（4）：365–377.

［71］Doney P M, Cannon J P. An examination of the nature of trust in buyer-seller relationships［J］. Journal of Marketing, 1997，61（2）：35–51.

［72］金玉芳，董大海．消费者信任影响因素实证研究——基于过程的观点［J］. 管理世界，2004，（07）：93–99.

［73］段亚楠．产业集群企业间信任机制模型构建研究［D］. 北京交通大学，2016.

［74］Luhmann N. Familiarity, confidence, trust: Problems and alternatives［M］. New York: Basil Blackwell, 1988.

［75］Wilkins A L, Ouchi W G. Efficient cultures: Exploring the relationship between culture and organizational performance［J］. Administrative science quarterly, 1983，28（3）：468–481.

［76］金俐．关于信任的经济学分析［J］. 社会科学，2002，（11）：17–20.

［77］严玲，张思睿，郑童．合同治理、信任的动态关系与项目管理绩效——建设项目情境下缔约全过程的整合分析视角［J］. 管理评论，2022，34（04）：251–264.

［78］王晨，杨晨．中小企业技术创新与管理的专利化策略［J］. 现代管理科学，2003，（04）：13–14.

［79］潘镇，李晏墅．联盟中的信任——一项中国情景下的实证研究［J］．中国工业经济，2008，(04)：44–54.

［80］Dyer, J H, Chu W J. The Role of Trustworthiness in Reducing Transaction Costs and Improving Performance: Empirical Evidence from the United States, Japan and Korea［J］. Organization Science, 2003，14（1）：57–68.

［81］Kim J, Yoon Y, Zo H. Why People Participate in the Sharing Economy: A Social Exchange Perspective［M］. PACIS, 2015.

［82］Khalfan M, Mcdermott P, Swan W. Building trust in construction projects［J］. Supply Chain Management, 2007，12（6）：385–391.

［83］李建标，孙宾宾，李政．风险态度影响信任行为的情景依赖性——实验经济学的检验［J］．财经问题研究，2015，(03)：3–10.

［84］Rotter J B. A new scale for the measurement of interpersonal trust［J］. Journal of personality, 1967，35（4）：651–665.

［85］Rempel J K, Holmes J G. How do I trust thee?［J］. Psychology Today, 1986，20（2）：28–34.

［86］McAllister D J. Affect and cognition based trust as foundations for interpersonal cooperation in organizations［J］. The Academy of Management Journal, 1995，38（1）：24–59.

［87］Mayer R C , Davis J H . The Effect of Performance Appraisal System on Trust for Management: A Field Quasi-Experiment［J］. Journal of Applied Psychology, 1999，84（1）：123–136.

［88］Lester S W，Brower H H. In the eyes of the beholder：The relationship between subordinates' felt trustworthiness and their work attitudes and behaviors［J］. Journal of leadership & organizational studies，2003，10（2）：17–33.

［89］Lau D C，Lam L W，Wen S S. Examining the effects of feeling trusted by supervisors in the workplace：a self-evaluative perspective［J］. Journal of organizational behavior, 2014，35（1）：112–127.

［90］张辉华，黄婷婷．情绪智力对绩效的作用机制——以团队信任感知和朋友

网络中心为连续中介［J］. 南开管理评论，2015，18（03）：141-150.

［91］Baer M D,Dhensa-Kahlon R K,Colquitt J A, et al. Uneasy lies the head that bears the trust: the effects of feeling trusted on emotional exhaustion［J］. Academy of management journal, 2015，58（6）：1637-1657.

［92］Pervan S J,Bove L L,Johnson L W. Reciprocity as a key stabilizing norm of interpersonal marketing relationships：scale development and validation［J］. Industrial marketing management, 2009，38（1）：60-70.

［93］梁平汉，孟涓涓. 人际关系、间接互惠与信任：一个实验研究［J］. 世界经济，2013，36（12）：90-110.

［94］Fehr E，List J A. The hidden costs and returns of incentives-trust and trustworthiness among CEOs［J］. Journal of the European economic association, 2004，2（5）：743-771.

［95］王红丽，张筌钧. 被信任的代价：员工感知上级信任，角色负荷，工作压力与情绪耗竭的影响关系研究［J］. 管理世界，2016,（8）：110-125.

［96］McCabe K A，Rigdon M L，Smith V L. Positive reciprocity and intentions in trust games［J］. Journal of economic behavior & organization, 2003，52（2）：267-275.

［97］王雪青，许树生，徐志超. 项目组织中发包人风险分担对承包人行为的影响——承包人信任与被信任感的并行中介作用［J］. 管理评论，2017，29（05）：131-142.

［98］潘旭涛. 疫情防控形势向好 稳住经济举措出台［N］. 人民日报海外版，2022-06-08（005）.

［99］全面加强基础设施建设构建现代化基础设施体系 为全面建设社会主义现代化国家打下坚实基础［N］. 人民日报，2022-04-27（001）.

［100］王亦虹，任晓晨，尹贻林，邓斌超. 巨型项目信任互惠行为机理研究框架［J］. 工业工程与管理，2018，23（01）：122-134.

［101］王亦虹，赵国杰. 关于构建企业安全文化评价体系的思考［J］. 社会科学辑刊，2008,（02）：121-124.

［102］王亦虹，沙方毅，陈伟珂 . 基于 Denison 修正模型的国有建筑企业文化测评［J］. 统计与决策，2015，（19）：174–178.

［103］唐无名 . 公路工程项目标段划分与组织管理研究［J］. 交通企业管理，2018，33（01）：72–74.

［104］黄桥连，倪四清，孙梦嘉 . 高速公路大标段模式组织管理及其效率研究［J］. 工程管理学报，2015，29（03）：82–87.

［105］曲江，等 . 建设工程项目管理实务全书［M］. 北京：中国环境科学出版社，2001：409–415.

［106］王孟钧，谢洪涛. 中国铁路建设市场现状分析与发展探讨［J］. 铁道科学与工程学报，2008，5（4）：63–67.

［107］湖北省发展改革委组织召开全省政府和社会资本合作（PPP）工作领导小组办公室第一次会议 .

［108］盘和林，胡霖，杨慧 . 新基建 中国经济引擎［M］. 北京：中国人民大学出版社，2020.

［109］王亦虹，尹贻林，陈伟珂 . 公共政策的风险辨识［J］. 科学学与科学技术管理，2002，（01）：46–49.

［110］莫钧 . 公路跨海通道项目造价控制难点及对策研究［J］. 公路，2020，65（07）：228–231.

［111］杨培岭 . 现代工程项目管理［M］. 北京：中国水利水电出版社，2010：56.

［112］王首绪，贺争 . 模糊供求条件下高速公路大标段建设项目地材调配决策［J］. 长沙理工大学学报（自然科学版），2019，16（01）：36–42.

［113］石锐 . 浅谈城市轨道交通土建工程招标策划［J］. 质量与市场,2021，（07）：146–148.

［114］王新宇 . 地铁项目土建工程招标阶段投资控制分析［J］. 福建建筑，2016，（04）：76–78.

［115］马海伟 . 大型公共建筑施工总承包管理探讨［J］. 建材与装饰，2016，（33）：134–135.

［116］张贵宝，王奕欣，廖灵，李学俊．高速公路项目大标段划分规模研究［J］．工程经济，2017，27（03）：34–37.

［117］罗远国，王首绪，孙绪科．基于利益相关者的高速公路大标段模式推进机制［J］．公路工程，2018，43（06）：86–90+188.

［118］王首绪，谢剑．高速公路大标段模式下施工标准化管理研究［J］．中外公路，2017，37（04）：314–318.

［119］康钊．高速公路大标段模式交易成本研究［D］．华中科技大学，2016.

［120］王宝柱，张波，韩进权．试论大标段总部安全管理［J］．公路交通科技（应用技术版），2015，11（06）：364–366.

［121］汪静，秦旋．不同制度下建筑市场行为主体合谋动因分析［J］．建筑经济，2011，（S1）：1–5.

［122］王亦虹，刘丹，田平野．合作关系中利益分配影响因素研究：基于CiteSpace的图谱量化分析［J］．中国储运，2020，（11）：115–118.

［123］何红锋，张璐，马俊达．建设工程款优先受偿权放弃的效力探讨［J］．建筑经济，2005，（06）：61–63.

［124］刘雷，杜秀红，毛晔，等．公共工程招投标及合同签订阶段舞弊风险控制审计模型研究［J］．工程管理学报，2013，27（03）：51–56.

［125］Brower H H,Lester S W,Korsgaard M A, et al. A closer look at trust between managers and subordinates:understanding the effects of both trusting and being trusted on subordinate outcomes［J］. Journal of management, 2009，35（2）：327–347.

［126］邓斌超，尹贻林，王亦虹，黄路路．大型公共项目总承包模式混合治理研究［J］．工程管理学报，2019，33（06）：30–35.

［127］Lui S S, Ngo H Y. The Role of Trust and Contractual Safeguards on Cooperation in Non-equity Alliances［J］. Journal of Management, 2004，30（4）：471–485.

［128］Rabin M. Incorporating Fairness into Game Theory and Economics［J］. American Economic Review, 1993，83（5）：1281–1302.

［129］Bolton G E, Ockenfels A. ERC: A Theory of Equity, Reciprocity and

Competition［J］. American Economic Review, 2000，90（1）：166–193.

［130］Falk A, Fischbacher U. A theory of reciprocity［J］. Games & Economic Behavior, 2006，54（2）：293–315.

［131］崔强，李烨，匡海波 . 基于信任和演化博弈的空港联盟退出算法研究［J］. 系统工程理论与实践，2015，（8）：2034–2043.

［132］钱峻峰，蒲勇健 . 管理者—员工纵向信任行为分析——基于序贯互惠“囚徒困境”博弈模型［J］. 预测，2011，30（2）：46–50.

［133］许民利，郭沙沙 . 基于序贯互惠均衡的委托代理信任研究［J］. 山东大学学报（理学版），2013，48（3）：42–47.

［134］Zaghloul R，Hartman F. Construction contracts：the cost of mistrust［J］. International journal of project management, 2003，21（6）：419–424.

［135］Jagd S. Balancing trust and control in organizations：towards a process perspective［J］. Society & business review, 2010，5（3）：259–269.

［136］李胜男，李真，孟庆峰 . 考虑公平关切的项目团队主体互惠行为演化研究［J］. 工程管理学报，2017，31（4）：82–86.

［137］严玲，史志成，严敏，邓娇娇 . 公共项目契约治理与关系治理：替代还是互补？［J］. 土木工程学报，2016，49（11）：115–128.

［138］严玲，阳涛，邓娇娇 . 公共建设项目治理策略研究：本土化构念及其组合类型［J］. 预测，2017，36（6）：62–68.

［139］Li Q，Yin Z，Chong H Y，et al. Nexus of interorganizational trust，principled negotiation，and joint action for improved cost performance：survey of Chinese megaprojects［J］. Journal of management in engineering, 2018，34（6）：04018036.

［140］Bartolomeo G D，Papa S. Trust and reciprocity：extensions and robustness of triadic design［J］. Experimental economics, 2016，19（1）：100–115.

［141］崔强，李烨，匡海波 . 基于信任和演化博弈的空港联盟退出算法研究［J］. 系统工程理论与实践，2015，（8）：2034–2043.

［142］Michael-Zürn，Sascha-Topolinski. When trust comes easy：Articulatory fluency increases transfers in the trust game［J］. Journal of economic psychology, 2017，

61（3）：74–86.

［143］何建洪，黄莹．公开招标人偏好的政府工程多属性招投标博弈分析［J］．系统工程，2016，34（2）：95–102.

［144］Mcknight D H, Cummings L L, Chervany N L. Initial Trust in New Organizational Relationships［J］. Academy of Management Review, 1998，23（3）：473–490.

［145］王雪青，许树生，徐志超．项目组织中发包人风险分担对承包人行为的影响——承包人信任与被信任感的并行中介作用［J］．管理评论，2017，29（5）：131–142.

［146］陈梦龙，尹贻林．信任调节下柔性合同对承包人履约行为的影响——基于潜调节结构方程的实证研究［J］．软科学，2019，33（9）：81–86.

［147］严玲，江静，郭亮，阳涛．合同补偿中公平感知对承包人履约行为影响的实证研究［J］．管理学报，2018，15（5）：660–668.

［148］严玲，王智秀，邓娇娇．建设项目承包人履约行为的结构维度与测量研究——基于契约参照点理论［J］．土木工程学报，2018，51（8）：105–117.

［149］王红丽，张筌钧．被信任的代价：员工感知上级信任，角色负荷，工作压力与情绪耗竭的影响关系研究［J］．管理世界，2016，（8）：110–125.

［150］Shu Z S, Mennecke B E, Nah F H, et al. Institutional boundaries and trust of virtual teams in collaborative design: An experimental study in a virtual world environment［J］. Computers in Human Behavior, 2014，35（2）：565–577.

［151］Cheung S O, Wei K W, Yiu T W, et al. Developing a trust inventory for construction contracting［J］. International Journal of Project Management, 2011，29（2）：184–196.

第二篇

发包人初始信任启动路径

近年来，我国区域经济发展格局和区域空间结构正发生深刻变化[1]。以城市轨道交通项目为典型代表的基础设施建设的规模迅猛增长，其显著的公共性和正外部性特征决定了发包人不再以投资控制作为第一目标，而是追求公众满意、质量、工期、投资的多目标统一。因此，旨在提升交易环节效率、节约交易时间成本的大标段招标建设模式应运而生，在一定程度上显示出发包人的信任互惠倾向。以信任为基础的关系治理有助于降低交易成本，减少投机行为，因此“双巨头”间的信任机制受到了广泛关注。

第三章　发包人初始信任影响因素挖掘与整理

一、发包人初始信任的解析

（一）发包人初始信任是基础设施建设项目信任研究的起点

在工程项目招投标阶段，承包人信任倾向的披露会促进发包人初始信任的产生，研究已证明发包人给予承包人初始信任能促进双方风险初次分担的合理性，同时在提高风险分担事后支持程度方面也发挥了很大作用[2]。前面提到，我国《招标投标法》及其实施条例中规定公共项目必须进行招投标，这就导致尤其是城市轨道交通这样的大型公共项目必须进行招投标。在这一法律条文约束下，发包人通常需要选择与陌生的承包人合作，而无法自主选择已经合作过的承包人。由于契约的不完备性和决策者的有限理性，没有以往合作经历的发包人与承包人通过招投标方式共同建设项目时，发包人对陌生承包人初始信任的施予面临承包商的相机抉择，容易使自己陷入被套牢的境地。

基于社会偏好理论的信任互惠研究显示发包人先给出信任的信号更有利于双方的合作，因此关于发包人初始信任的研究受到青睐。到目前为止，专家学者大多基于承包方的可信任特征对促使发包人信任形成的可信因素进行了研究。帕克（Park）& Lee、Shu & Schiller 等人的研究均认为在合作的组织中发包人对承包人专业技能的感知能够促进其信任的产生[3-4]。Cheung 等指出受信者以往的业绩能体现其能力，并影响信任的产生[5]。与之类似，Laan 等人认为发包人会通过对承包人的技术、组织和管理能力的判断从而形成信任[6]。可以看出，承包人的能力是发包人产生信任的重要因素已被广泛认同。

（二）初始信任启动路径研究鲜见

“启动（Priming）”一词首次出现在莱什利（Lashley）发表的关于连续反应的文章中，指的是服务于反应功能的心理表征上的准备状态[7]。后来西格尔（Segal）和科弗（Cofer）通过对斯托姆斯（Storms）发现的被动启动的现象[8]进行界定出现了“启动效应”的概念，在以往研究中它多是指利用已有经验，使得个体对于特定刺激的敏感程度显著提高[9]。张玥和辛自强通过总结前人研究成果，将“启动效应”定义为先前刺激对接下来无关情境中的行为反应产生的无意识影响，而且启动对象是某种认知表征或思维过程[10]。因此，本书中的初始信任启动路径指的是在各种因素的刺激影响下，发包人初始信任激发的过程。

从以上研究中可以看出，组织间信任受市场、项目本身属性、施信方与受信方特征的影响，因此初始信任作为组织间信任的初始阶段也受到这些方面因素的影响。以往对于发包人初始信任产生的研究大多基于承包人的特质，鲜有从一个综合的视角去探索在内外部因素共同作用下发包人的初始信任启动路径。因此，发现基础设施建设项目组织间初始信任启动的影响因素并分析其作用机理，对于提升项目组织间信任，减少合作中的机会主义行为，保证项目顺利完成至关重要。

二、发包人初始信任影响因素识别的研究方法与资料收集

（一）扎根理论研究方法介绍

通过第一篇概论可知，基础设施项目建设中“双巨头”之间的信任交互式必不可缺。初始信任是信任发展过程中的第一步，也是最重要的一步。由于契约的不完备性和决策者的有限理性，导致采用单纯的契约治理去抑制机会主义的行为成本非常高。因此，“双巨头”依托信任机制的关系治理能有效弥补契约治理的不足，进而提高基础设施项目的管理绩效。

现有研究多基于承包人的特征对发包人初始信任影响因素进行研究。本书拟采

用管理科学领域常用的“扎根理论”从一个综合的视角出发，探究发包人初始信任的复杂影响因素。扎根理论最早由格拉瑟（Glasser）和斯特劳斯（Strauss）在1976年提出，是一种运用系统化的程序，针对某一类现象来发展并归纳出新理论的定性研究方法。它强调理论的发展性，即理论植根于所搜集的现实资料，根据资料的内部分析与互动发展新的理论，其核心是资料的收集与归纳过程，该过程既包含理论演绎又包含理论归纳，是一种自下（现实资料）而上（创新理论）的归纳式研究方法[11]。

（二）研究工具的选择

研究者对资料进行编码是件既费时又费力的工作，且编码结果的准确性容易受到研究者的教育背景、生活和工作经历等因素的影响。NVivo11 软件是澳大利亚 QSR（Qualitative solutions & research）公司开发的一款功能强大且灵活的质性分析软件，提供了导入、编码、群组、查询、建模、链接、分类和文件夹等八大功能，研究者能够利用该功能快速输入数据并导出结果。采用该软件既能避免研究者主观因素对编码过程的影响，又能有效提高研究者的工作效率。

因此，本书采用具有实证研究和理论构建相结合的扎根法并辅以 NVivo11 软件以完成本书资料的管理及编码工作。扎根理论虽然属于质性研究，但是在搜集资料阶段也会用到一些研究方法，如访谈法、文献法和观察法等。现有研究中关于建设项目组织间信任及初始信任的研究内容较为丰富，故本书拟将文献资料作为扎根的来源之一；同时，为确保研究过程贴近工程实践，拟对建设项目中的专业人员与工程领域的研究专家进行深度访谈，访谈内容将作为文献资料的重要补充。本书根据访谈提纲，提出与基础设施建设项目中发包人初始信任有关的一系列问题，采用“目的性抽样”方法确定访谈对象并对其进行深度访谈。访谈对象将自身认识与实践经历相结合，对问题做出较为发散的回答。本书通过对访谈对象想法的逐步了解，对访谈对象脑海中的重要资料进行深入挖掘。最后，将访谈录音进行逐字逐句记录，形成关于访谈内容的文本资料，与文献分析所形成的资料一起导入 NVivo11 软件中进行编码工作。因此，本章的研究路线如图 3-1 所示。

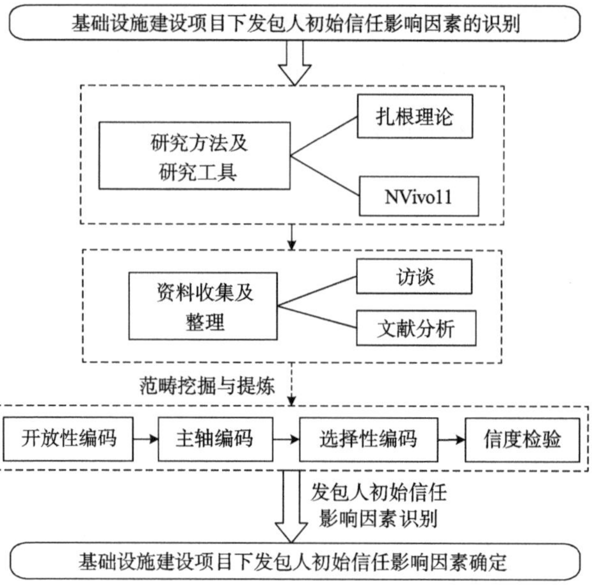

图 3–1　第三章研究路线

（三）研究对象的选择

访谈作为本书中的一种资料获取方式，与文献分析共同为本书提供研究素材，因此，访谈的样本相较于仅通过访谈获取资料的研究可适当缩减。同时，在质性抽样的过程中，研究结果的有效性在于选择的样本是否能准确地回答研究者的问题，而与样本数量的多少没有直接关系[12]。因此，本书采用质性抽样中最常用的取样方法——目的性抽样方法，抽取能够为本研究提供最大信息量的研究对象。

在本研究中发包人是核心研究对象，同时由于咨询单位在建设项目中也多基于发包人视角，而长期从事相关领域研究的科研院所专家亦能提供丰富的信息。依据质性研究目的性抽样的原则，应选择能够提供最大信息量的受访者，因此受访者主要是发包人与咨询单位的管理人员、科研院所专家等。最终确定的受访者为 8 人，遍及北京、天津、广州和深圳，其基本信息如表 3–1 所示。

表 3–1　受访者基本信息表

序号	受访者	就职单位	学历	职位 / 职称	访谈时长
1	A	某地铁集团	博士	建设部副总	90 分钟
2	B	某地铁集团	硕士	项目经理	82 分钟

续表 3-1

序号	受访者	就职单位	学历	职位 / 职称	访谈时长
3	C	某地铁集团	硕士	项目经理	70 分钟
4	D	国内某知名咨询公司	博士	项目总监	85 分钟
5	E	国内某知名咨询公司	硕士	项目总监	65 分钟
6	F	某高校	博士	教授	68 分钟
7	G	某高校	博士	教授	58 分钟
8	H	某高校	博士	讲师	65 分钟

为了提高访谈数据的可靠性，本研究所选取的受访者主要是发包人与咨询单位具有决策权的高层管理人员以及科研院所中具有博士学位的专家学者，同时所筛选的受访者均具有工程类研究生学历，且具有基础设施建设项目 3 年以上的实践经验或研究经验。因此在了解本书的背景后，受访者能够很好地加以理解，由此可保障访谈内容的真实性和权威性。加之研究者与受访者的访谈时间大多在一个小时以上，表明该访谈较为深入且获取了大量的相关信息。综上，本研究得到的访谈内容是较为丰富的，访谈结果是较为权威的。

（四）访谈资料的收集过程

现有研究在进行访谈时通常采用结构式访谈和非结构式访谈。其中，结构式访谈需要研究者提前设计访谈问题，然后依据访谈问题对受访者进行依次提问，而非结构式访谈则不需要提前设计问题，其主要是研究者与受访者间的随意闲聊。本书在访谈之前依据研究目的设计访谈提纲，访谈过程中研究者在大的访谈提纲之内向受访者进行提问，这属于半结构式访谈，既能避免研究问题的限制过于严格而降低受访人员的表达欲望，又能防止访谈范围过于宽泛。

在确定访谈提纲后，于正式访谈一周之前通过邮件将该提纲发送至受访人员，其主要目的是让访谈对象提前熟悉并回忆与访谈内容有关的自身工作经历与研究经历，以此确保访谈效果。访谈开始之前，需要在征得受访人员的同意后，对访谈过程进行全过程录音，这主要是为了保证访谈资料的完整性；在访谈过程中，向受访者说明此次访谈不涉及对方的工作内容和个人隐私，只需要其真实的个人观点和想法即可，这主要是为了保证访谈资料的真实性和客观性。此外，为了防止重要数据的遗失，研究者也应当在访谈过程中辅以记笔记的形式对访谈内容进行记录。由于篇幅所限，难以将与所有访谈人员的对话记录逐一列出，以下仅列出其中的一部分作为示例。

提问者：请问以您的工作经历来看，发包人在选择承包人时会对什么样的合作者有好感呢？

回答者：我们当然是喜欢能力强又符合我们要求的承包人。

提问者：您这里说的能力强具体是指那些能力呢？

回答者：这个要看具体项目来定，但不外乎也就是施工资质、财务能力这些方面。

提问者：那除了上述您提到的硬性指标外，您觉得还会考虑对方的其他条件吗？比如对方以往的项目经验以及其他合作者对他的评价。

回答者：你说的这个吧，如果有的话，我们当然也是会考虑的，但是现实情况来看这些东西其实是不太容易进行考量的，项目经验还好说，他有的话肯定会积极表露，但是诚信方面的我们也不可能一个一个找他的既往合作者进行打听吧，而且就算我们打听了人家也不一定会说。

提问者：好的。那您觉得地区的经济发展状况，也就是外部环境对您选择合作者有什么影响呢？

回答者：这个吧，你要觉得有影响他也确实是有的，但我个人认为即使是有也是十分微弱的。

提问者：那您觉得您所在公司在同类型项目中的相关经验和能力会不会影响对承包人的印象和感觉？

回答者：应该是有影响的，比如我们公司以前就已经做过类似的项目了，那我再筛选承包人的时候就会比较严格，比如同样的一个承包人如果在之前我们会觉得他特别好，但是放在现在的话我们可能就会觉得他一般，因为我们已经了解这类项目的相关资料了。

三、发包人初始信任影响因素识别的范畴挖掘和提炼

扎根理论依次通过开放性编码、主轴性编码以及选择性编码对范畴进行挖掘和

提炼，而后使用 NVivo11 软件对编码结果进行信度检验。

（一）开放性编码

开放性编码是原始资料的初步整理，作为三级编码的第一步，主要是将所收集到的研究资料进行初步分类，然后将每一类资料的共同属性进行凝练，使其概念化，最终形成一个个的念头，整个过程是研究资料信息的打破、揉碎、重组以及再度抽象的工作。本研究采用 NVivo11 软件完成此部分内容的主要步骤，包含以下几个方面：①仔细浏览并梳理所搜集到的文献资料和访谈记录，在进行逐字逐句的分析与整理后，将资料中与研究主题相关的所有信息进行归类，并建立一级节点（即概念）；②将类似或相关的一级节点再度归类，并提炼其相似属性以此形成二级节点（即副范畴）；③利用 NVivo11 软件里查询功能模块中的“复合”检验功能，对文本资料进行查验，以确保没有编码被遗漏。本研究经过开放性编码，最终获得 23 个概念和 9 个副范畴，由于篇幅所限，本书难以将每个概念与所有副范畴的形成过程一一列出，在此仅以承包人能力这一副范畴的形成过程为例，进行详细说明，具体见表 3–2。

表 3–2　副范畴形成过程举例

副范畴	概念（编号）	概念来源
承包人能力	技术能力（AA1）	文献（Park & Lee，2014；Shu & Schiller，2014；Laan，2011；莫力科等，2015；杜亚灵、闫鹏，2014；陈通等，2011；位珍等，2012；Maryam 等，2009；黄亚江、张水波，2012；任志涛等，2016；骆亚卓，2017）；访谈资料
	管理能力（AA2）	文献（Laan，2011；杜亚灵、闫鹏，2014；陈通等，2011；位珍等，2012；Maryam 等，2009；黄亚江、张水波，2012；任志涛等，2016；骆亚卓，2017）；访谈资料
	财务状况（AA3）	文献（杜亚灵、闫鹏，2014；陈通等，2011；位珍等，2012；Maryam 等，2009；黄亚江、张水波，2012；任志涛等，2016）；访谈资料
	以往项目经验（AA4）	文献（Cheung，2011；杜亚灵、闫鹏，2014；Maryam 等，2009；黄亚江、张水波，2012；任志涛等，2016；骆亚卓，2017）；访谈资料
	资质（AA5）	文献（Maryam 等，2009；杜亚灵、闫鹏，2014；任志涛等，2016；骆亚卓，2017）；访谈资料

（二）主轴性编码

在开放性编码完成之后，研究者将所有的副范畴进行了对比分析，发现各个副范畴的内涵边界尚不清晰，即某些副范畴间仍存在相似的属性。因此，本研究有必要通过聚类分析在不同的副范畴间建立关联，以此形成含义更为广泛也更具有概括性的主范畴，即进一步凝练资料性质与概念维度。本研究在完成此部分内容时首先采用 NVivo11 软件对开放性编码形成的 9 个副范畴进行聚类，并得到聚类结果，之后课题组对聚类结果进行了组内讨论，一致认为该结果与实际情况的偏差较大，分析产生该现象的背后原因发现：软件的聚类依据通常为导入材料名称的相似性（编码相似性或节点名称相似性），也就是说软件将某几个词语相近的副范畴划分为一个类别，然而研究者在进行上一步开放性编码时，为了区别编码结果并保证编码准确，多直接摘录原始资料的词句作为节点名称，这就使得各个节点名称之间词语差距较大，故而软件难以识别。鉴于此，本研究进一步采用人工编码的方式完成后续内容，主要包含三个步骤：①研究者与校内知名基础设施领域学者探讨每个副范畴的具体含义，将含义相同或相近的副范畴归为一类，并按照其共同内在属性对其命名；②将聚类结果反馈至最初接受访谈的实践界管理人员，向其验证编码结果的合理性以及该结果与实际情况的偏差；③仔细考虑管理人员的反馈意见，对主范畴的编码结果进行讨论、修改以及调整，最终获得学者和管理人员都较为认可的编码结果，即项目本身属性、发包人特征、承包人可信任特征、项目外部环境等四个主范畴。

（三）选择性编码

选择性编码是对主轴性编码的再一步凝练，其结果一般而言便是研究对象的具体维度。就本研究而言，研究者通过主轴编码已经获取项目本身属性、发包人特征、承包人可信任特征、项目外部环境等四个主范畴，仔细分析这四个概念的内涵可知：项目本身属性主要是包含项目投资额大小、类型、技术复杂程度等内容，其主要与项目本身有关；发包人特征则主要是指发包人的风险偏好和类似项目上的经验；承包人可信任特征主要包括承包人的硬实力特征和软实力特征两方面，其中前者是指承包人公司规模大小、施工资质、财务状况以及以往的类似项目经验，而后者则主要是指承包人在以往项目中的诚信表现以及合作伙伴对承包人的努力程度评价；项目外部环境是指项目所处的自然环境以及政策环境，其中自然环境是指整个建筑市场经济环境，其主要受到项目所在地经济发展程度的影响，政策环境则主要是指政府对该类项目的政策支持程度以及相关法律法规的完善程度。从上述四个主范畴的具体内涵来看，其分别代表项目自身、发包人、承包人以及环境条件四个方面的内容，其概念边界十分清晰，不存在内涵重叠的情况，而且也没有可供提炼的共同属性，因此本研究认为没有新的概念可以准确无误地涵盖这四个主范畴中的任意两个。

（四）编码的信度检验

通过扎根理论的三级编码，本研究得出发包人初始信任影响因素的副范畴以及主范畴，如表 3–3 所示。

表 3–3　发包人初始信任影响因素的编码结果

主范畴	副范畴	副范畴内涵	概念数
项目本身属性	项目工程量	工程项目伙伴组织需要完成项目的难度，它体现在项目的技术要求、工程量以及涉及的项目利益相关者协调等方面	3
	项目工期	项目从开始建设时起到项目建成投产为止经历的时间	1
	项目投资额	项目从筹建开始到项目全部建成投产为止，全过程发生的费用的总和，包括固定资产投资和流动资金	2
发包人特征	已有项目经验	发包人在进行此次项目招标前有过类似项目的经历	1
	风险偏好	发包人承担风险的态度，涉及发包人对风险性质的理解和对风险的厌恶程度	2
承包人可信任特征	承包人能力	承包人的技术能力、管理能力、财务状况、以往项目业绩、资质等，是驱动合作形成的直接动因	5
	承包人声誉	承包人的企业信用、违法行为以及所获荣誉奖励等	3
项目外部环境	项目当地经济发展水平	项目当地经济发展的规模、速度和所达到的水准	3
	政策稳定性	法律、政策法规以及行业规定等的稳定性	3

随后，本研究对编码的结果进行了信度检验，即比较不同研究者对资料编码的一致性。在NVivo11软件中，研究小组两名成员背对背对资料进行编码，其中节点名称在编码前即给定两名研究者，然后使用该软件“查询”功能模块中的“编码比较”进行比较，得出项目外部环境的kappa系数为0.854，承包人可信任特征的kappa系数为0.821，发包人特征的kappa系数为0.806，项目本身属性的kappa系数为0.815，均大于0.8，由此说明研究者对原始资料编码的一致性程度是可以接受的，研究结果具有较高的可信性。

四、发包人初始信任影响因素识别结果及内涵

通过扎根理论的三级编码，本研究识别出基础设施建设项目中发包人初始信任影响的因素，包含项目本身属性、发包人特征、承包人可信任特征以及项目外部环境四个方面。下面分别对这四个主范畴进行解释说明。

（一）项目本身属性

项目本身的复杂程度会对该项目招标资格预审过程中发包人对承包人的初始信任产生影响。工程项目的本质是在质量、成本、工期等要素约束下的一次性任务，因此项目的工程量、投资额以及工期是衡量一个项目特征的基本要素。尹贻林等通过从项目属性的视角对信任形成的前因要素进行分析，认为项目周期越长，双方对真诚合作的依赖性越强，机会主义行为将会减少，易于信任的形成[13]。而不同基础设施项目在建设过程中具有差异性的战略目标和组织文化，这也决定了信任是“双巨头”关系治理的重要维度[14]。

（二）发包人特征

作为基础设施建设项目的初始信任研究的主体，发包人自身的特征对其初始信任的形成起着重要作用。通过访谈可以看出，以往类似项目的成功经验对新项目中初始信任的形成产生积极影响，而失败的经验或者说是建设过程中事故的发生会对新项目中初始信任的形成产生消极影响。建设项目中发承包双方机会主义的产生是

由于项目中存在风险与未知性，而信任是表示对项目中不可预见风险的承担。因此，关系治理框架下的信任指施信方认为受信方不会对自己造成利益上的损害，愿意承担对方的风险。由此可见，发包人的风险偏好对“双巨头”间信任的产生影响很大。

（三）承包人可信任特征

承包人可信任特征可以分为承包人能力和承包人声誉两个方面。到目前为止，专家学者大多基于承包人的可信任特征对促使发包人信任形成的可信因素进行了研究，并且承包人的能力是发包人产生信任的重要因素已被广泛认同。Park & Lee、Shu & Schiller 等人的研究均认为在合作的组织中发包人对承包人专业技能的感知能够促进信任的产生[3]。Qian 等人认为发包人会通过对承包商的技术、组织和管理能力的判断从而形成信任[15]。劳（Lau）和罗林森（Rowlingson）认为能力会促使发包人信任的产生，是信任形成的第一步，并指明工程项目在招投标阶段如果通过资格预审证明承包商有能力完成项目，则不会有进一步的信任要求[7]。另外，尹贻林等通过研究认为承包人拥有良好的市场声誉会使发包人对其产生好的行为预期，促使初始信任的产生[2]。

（四）项目外部环境

项目外部环境包括项目当地经济发展水平和政策稳定性两个范畴。项目所处地的市场规范程度越高，经济越发达，则市场交换程度越充分，信任水平越高。王淑湘通过对中国大陆省际不均衡的区域经济发展、市场化进程和信任水平比较分析，发现信任与市场化程度、经济的发达程度以及包括政府在内的大型组织的出现和有效运行高度相关[16]。

同时，为了规范建筑市场的交易行为，我国出台了大量法律法规，对相关企业的进入和退出门槛也设立了较为严格的审查制度。因为政策的出台不是一劳永逸、亘古不变的，所以发包人对未来政策走向的预估会影响其初始信任的产生。特别是现在基础设施项目大量采用 PPP 模式，而国家出台的关于 PPP 的政策法律法规还不完善，政策风险就成为影响发包人初始信任产生的因素之一。

第四章　发包人初始信任影响因素定性比较分析

一、发包人初始信任影响因素分析方法的选择

（一）定性比较分析法的概述

定性比较分析（QCA）由拉金在1987年提出，该方法超越了定性与定量的界限，通过将案例视为条件的组态，用条件组态取代自变量、组态思想代替净效应思想、集合关系代替相关关系，整合了定性分析与定量分析的优势，是社会学研究从线性分析步入一个“集合”分析的时代。QCA使得因果复杂性分析终于在方法实现上得到了有效支撑。该方法结合了定性与定量分析的优势，既适用于小样本、中等样本的案例研究，也适用于大样本的量化分析，大幅提升了理论的实践切题性，使组态比较分析在社会学、政治学、管理学、传播学、营销学等社会科学研究领域具有广泛的应用前景。

QCA首次提出时只能实现二分变量（即0或1）处理的清晰集（csQCA），有丢失信息的风险，可能产生大量的矛盾组态，具有一定的局限性。随着数学特别是模糊集理论的发展，拉金在2000年提出的基于模糊集定性比较分析方法（fsQCA）解决了这一问题。模糊集同时拥有定性和定量的属性，结合了集合隶属的类别和程度，功能特别强大，允许研究者校准集合的部分隶属度。定性比较分析最早在政治学领域使用，当其从清晰集发展到模糊集后，对于管理学的应用价值才突显出来。因此用模糊集定性比较分析的方法来分析基础设施建设项目中发包人初始信任影响因素的生成路径。

（二）定性比较分析法的运算逻辑和研究步骤

定性比较分析最为基本的运算逻辑为布尔最小化，它是将一个长且复杂的表达式“约简”成一个更短、更简洁的表达式。即如果两个不同的组合 XYZ 和 XyZ 同时导致一个结果 W，XYZ+XyZ → W，根据布尔算术可以得到 XZ（Y+y）→ W。由于只有一个条件的取值不同，则 XZ 是 XYZ 和 XyZ 两个组合的质蕴涵，则 XZ → W，这一过程可以看作是寻找不同组合的共同点。其中，布尔代数使用的几个基本运算符表示如下：逻辑“AND”由“*”（乘号）表示，逻辑“OR”由“+”（加号）表示，条件与结果之间的联系用“→”（箭头）表示，而现象不发生用“～”表示，意思是“非”。

通过允许取“0”和“1”之间的部分隶属分数，清晰集延伸了模糊集，其背后的基本思想是允许集合分数的刻度化。模糊集隶属分数并不是简单地比较案例的相对位置，而是同时评估了在“完全隶属”与“完全不隶属”间的隶属程度，如在三值集中，“1”表示“完全隶属”，“0”表示“完全不隶属”，“0.5”是最大模糊点，指“既非完全隶属也非完全不隶属”。从这个角度看，模糊集可以被视为一个连续变量，而具体研究中采用多少数字的模糊集由研究者决定，而且在不同水平间不需要采用等距的间隔。

定性比较分析在实际运算过程中一般分为三步，第一步是确定变量，在变量的选择过程中要体现差异性，数量一般为 3 ～ 8 个，以 4 ～ 6 个为佳。第二步是构建真值表，通过对案例的分析来对选定的变量进行主观赋值。第三步是运算，定性比较分析方法是通过 fsQCA2.0 软件运行来得到相应结果的，运行结果一般分为复杂解、吝啬解和中间解三种，然后分析得出结果影响因素间的关系及其组合情况。

（三）定性分析比较法的适用性

要想探索城市轨道交通项目中发包人初始信任启动路径，既需要从现有理论中获得支持，同时也需要从城市轨道交通项目实践中来获取原始数据。此外，城市轨道交通项目发包人初始信任启动路径的研究尚属空白，定性比较分析是一种合适的分析策略。

首先，本研究所选取的样本量较小。由于本研究问题的特殊性，所选取的样本为国内采取大标段建设模式的城市轨道交通项目。目前国内采用大标段建设模式的城市轨道交通项目的样本数量有限，再加上获取资料的来源限制，本研究只能选择与小样本相适应的方法。传统的定量分析法可能导致解释变量组合无法被发现，而定性比较分析正好弥补了这个不足，可以有力地揭示复杂的因果关系，得出精简过的条件与条件组合。其次，定性比较分析在对假设的处理上有一个简化过程，不但会剔除掉一些没有观察到的相关度不高的案例，也能加入一些没有观察到但却和理论没有冲突的“虚拟”的条件组合。同时，本研究的理论观点潜在地指出，促使发包人初始信任形成的元素是多重条件并发性的。综上所述，定性比较分析方法能较好地检验本研究的理论观点。

二、发包人初始信任影响因素案例选取与资料来源

（一）案例选取

在选定需要研究的问题后，需要根据研究问题进行案例的选择，同时，从案例分析中提炼理论时，所选取的样本案例应该具有代表性。因此，选择目标案例是非常重要的环节，典型案例的收集与整理具有重要意义。分析代表性案例的内在驱动因素可为后续研究打下基础。

由于定性比较分析（QCA）对于样本的抽样可以不遵循随机抽样的原则，但在研究中尽量保证样本的同质性以增加解释的信度和效度。本研究依据最大变动抽样、典型性和真实可信的原则，选取了深圳地铁 2 号线三期工程，大连地铁 5 号线工程，南京地铁 5 号线工程，西安市地铁 9 号线一期工程，芜湖地铁 1 号线、2 号线一期工程，台州市域铁路 S1 线一期工程，昆明市轨道交通 9 号线工程，广州地铁 11 号线及同步实施工程总承包的广州市中心城区地下综合管廊（沿地铁 11 号线）工程这八个样本作为研究对象。这八个样本均属于大标段建设模式，并处于不同的地理位置，具有一定的代表性。

（二）项目资料来源

本研究通过中国知网、万方数据库等搜索项目名称，查找与项目相关的学术论

文，并从重要报纸全文数据库和行业统计报告等专业数据库以及360、百度等搜索引擎搜索项目有关信息和新闻报道。同时通过深圳市地铁集团有限公司、大连地铁集团有限公司、南京地铁集团有限公司等官网了解项目有关信息，如项目招投标、中标以及施工进展情况等。对上述资料进行搜集和整理，以便进行后续处理。

三、发包人初始影响因素变量赋值与计算

（一）原因变量的选择及其赋值理由

QCA的编码依据来源于对目标案例的定性和定量分析，因此本书所涉及的变量主要是从具体的项目中来寻找相应的材料支撑。具体运用模糊集定性比较分析法需要根据样本信息对模糊集变量进行赋值。常用的构建模糊集的方式有多种，如三值模糊集（0、0.5、1），“0”表示“完全不隶属”，“0.5”表示“既非完全隶属也非完全不隶属”的截断点，“1”表示“完全隶属”；四值模糊集（0、0.33、0.67、1），分别表示“完全不隶属”“偏不隶属（more out than in）”“偏隶属（more in than out）”“完全隶属”。本研究采用四值模糊集法，采用打分方式对每个样本的变量逐一进行赋值编码，通过样本数据资料的归类和整理，能更加精细地反映出样本数据间的差异。

本书第三章通过文献以及访谈资料扎根得出基础设施建设项目下影响发包人初始信任的因素包括项目本身属性、发包人特征、承包人可信任特征、项目外部环境四个方面。其中项目本身属性表现在项目的投资额、工程量和工期三个方面，发包人特征表现在发包人已有类似项目经验和风险偏好两个方面，承包人可信任特征表现在承包人能力和承包人声誉两个方面，项目外部环境主要表现在项目当地经济发展水平和政策稳定性两个方面。鉴于所选取的八个项目的外部环境中政策的稳定性基本一致，而且项目的本身属性可以用城市轨道交通项目每公里每个月的投资额来综合表示，因此拟选取城市轨道交通项目单位投资额（单位：亿元 / 月 /km）、发包人已有类似项目经验、发包人风险偏好、承包人能力、承包人声誉和项目当地经济发展水平作为自变量来进行定性比较分析。指标赋值根据来源于各项目地铁公司官方网站、各中标建设单位官方网站、招标资格预审文件及相关新闻资料，各指标具体赋值情况如下：

（1）城市轨道交通项目单位投资额 = 项目总投资 /（工期 × 公里数），具体数值根据中国政府采购网上发布的各城市轨道交通项目招标公告中的相关数据来计算。详细结果及赋值见表 4–1。

表 4–1 项目单位投资额及赋值依据

项目	赋值依据（单位投资额）	分值
深圳地铁 2 号线三期	0.185 1 亿元 / 月 /km	1
大连地铁 5 号线	0.121 6 亿元 / 月 /km	0.67
南京地铁 5 号线	0.132 8 亿元 / 月 /km	0.67
西安地铁 9 号线一期	0.119 5 亿元 / 月 /km	0.67
芜湖地铁 1 号线、2 号线一期	0.086 9 亿元 / 月 /km	0.33
台州市域铁路 S1 线一期	0.090 7 亿元 / 月 /km	0.33
昆明市轨道交通 9 号线	0.092 6 亿元 / 月 /km	0.33
广州地铁 11 号线	0.143 0 亿元 / 月 /km	0.67

注：资料来源：中国政府采购网 www.ccgp.gov.cn。

（2）根据中国城市轨道交通协会发布的《城市轨道交通 2016 年度统计和分析报告》，以及通过网站查找各地铁集团在所选案例项目招标前已经运营和在建的项目资料数据，对其项目经验进行分析，并根据具体里程赋值。具体情况见表 4–2。

表 4–2 发包人已有类似项目经验及赋值依据

项目	赋值依据	分值
深圳地铁 2 号线三期	已开通 1 号线、2 号线、3 号线、4 号线和 5 号线，共计 179km，在建轨道交通项目地铁 7 号线、9 号线和 11 号线，共计 107.5km	1
大连地铁 5 号线	已开通 1 号线、2 号线、3 号线、202 延长线，共计 143.4 km，在建 R4 延长线、5 号线、M7 线、4 号线，共计 87.2km	0.67
南京地铁 5 号线	已开通 1 号线、2 号线、3 号线、10 号线、S1 线、S8 线，共计 232.4km	1
西安地铁 9 号线一期	已开通地铁 1 号线、2 号线、3 号线等运营线路，三条线路运营里程 92.1km	0.67
芜湖地铁 1 号线、2 号线一期	—	0
台州市域铁路 S1 线一期	—	0

续表 4-2

项目	赋值依据	分值
昆明地铁 9 号线	已开通 1 号线、2 号线首期和 6 号线一期，共计约 63.4km	0.33
广州地铁 11 号线	已建成开通 1 至 9 号线、13 号线、14 号线知识城支线、APM、广佛线等 13 条，共计 390.6km 的地铁线路，以及海珠区环岛新型有轨电车试验段（7.7km），线网里程居全国第三，世界前十	1

（3）发包人风险偏好主要由其在招标资格预审文件中设定的风险分担条款来分析其风险倾向，并对其进行四分值赋值，具体情况见表 4-3。后文以深圳地铁 2 号线三期工程和大连地铁 5 号线工程项目为例对赋值依据进行详细介绍。

表 4-3　发包人风险偏好及赋值依据

项目	赋值依据	分值
深圳地铁 2 号线三期	①延误和暂停；②缺陷责任；③承包商职责；④不可抗力；⑤索赔争端和仲裁	0.33
大连地铁 5 号线	①建设期义务；②延误和放弃；③不可抗力；④违约赔偿；⑤责任与保障	1
南京地铁 5 号线	①施工方建设期责任；②安全、文明管理责任；③变更；④不可抗力；⑤政策变更	0.67
西安地铁 9 号线一期	①建设期责任分担；②工程变更；③延误和放弃；④不可抗力及法律变更	0.33
芜湖地铁 1 号、2 号线一期	①建设方责任；②工期延误；③变更；④安全与环境保护；⑤不可抗力	0.33
台州市域铁路 S1 线一期	①建设方责任；②工期延误；③工程变更；④不可抗力；⑤违约	0.67
昆明地铁 9 号线	①建设方义务；②法律政策风险分担；③违约责任；④争议解决	0.67
广州地铁 11 号线	①延误和暂停；②缺陷责任与保修责任；③不可抗力；④违约；⑤索赔；⑥争议解决	0.33

深圳地铁 2 号线三期工程项目在招标文件中对导致工期延误和施工过程中暂停的情况进行了概括，并明确了相关责任人应承担的责任；在文件中对缺陷责任期内应完成的扫尾工作做出了详细规定，并规定了承包人应完成修补缺陷或损害所需的所有工作；在承包人的职责中详细列出了承包人应保障雇主免受索赔、损害赔偿、损失和开支带来损害的情况，承包人对工程的照管责任以及照管期间发生风险应承担的责任；详细列举出不可抗力的情况以及不可抗力的后果，对可以发生索赔的情况

做出说明，并对发生争端的处理办法做了介绍。从以上可以看出深圳地铁 2 号线三期工程项目的发包人显示了低风险偏好。

大连地铁 5 号线项目在招标文件中对施工方在建设期的任务做了简单介绍，并说明其在保障工程安全、质量、工期等前提下完成项目的建设，并承担相关一切费用、责任和风险，以及受理因工程建设导致的居民投诉，并将该投诉降至最低；介绍了工期延误的情况发生时的处理程序及导致延误的相关方责任；列举出不可抗力事件的情况，并介绍了发生不可抗力后的处理情况及双方对减少损失的责任；文件中规定每一方有权获得因违约方违约而使该方遭受的任何损失、支出和费用的赔偿，由违约方支付；在责任与保障中对相互保障、环境污染、共同责任与索赔抗辩做了简单介绍。由于对责任与风险分担部分介绍较为宽泛并在一些条款中明确说明双方共担风险，因此大连地铁 5 号线项目发包人显示了高风险偏好。

（4）承包人声誉拟根据所选八项案例的中标建设施工单位所获荣誉来赋值。根据所获奖项的重要程度，分别对鲁班奖和詹天佑奖、国家级奖项以及省部级奖项赋值，按最后得分对其进行四分值赋值，具体情况见表 4–4。

表 4–4　承包人声誉及赋值依据

项目	赋值依据		分值
	中标单位（建设单位）	截至中标日期时中标单位累计所获荣誉	
深圳地铁 2 号线三期	中铁四局集团有限公司	中国建筑工程鲁班奖 15 项；中国土木工程詹天佑奖 11 项；国家级优质工程奖 9 项；省部级优质工程奖 160 项	0.67
大连地铁 5 号线	中国中铁股份有限公司	中国建筑工程鲁班奖 63 项；中国土木工程詹天佑奖 23 项；国家级优质工程奖 55 项；铁道部（火车头）优质工程奖 342 项，其他省部级优质工程奖 100 余项	1
南京地铁 5 号线	上海隧道工程有限公司	中国土木工程詹天佑奖 2 项；上海市重大工程建设金杯 6 次	0.33
西安地铁 9 号线一期	中国中铁股份有限公司	中国建筑工程鲁班奖 63 项；中国土木工程詹天佑奖 23 项；国家级优质工程奖 55 项；铁道部（火车头）优质工程奖 342 项，其他省部级优质工程奖 100 余项	1
芜湖地铁 1 号线、2 号线一期	中新苏州工业园区市政公用工程建设有限公司、中国中铁股份有限公司	中国建筑工程鲁班奖 64 项；中国土木工程詹天佑奖 28 项；国家级优质工程奖 55 项；铁道部（火车头）优质工程奖 342 项，其他省部级优质工程奖 100 多项	1

续表 4–4

项目	赋值依据		分值
	中标单位（建设单位）	截至中标日期时中标单位累计所获荣誉	
台州市域铁路 S1 线一期	中新苏州工业园区市政公用工程建设有限公司	中国建筑工程鲁班奖 1 项；中国土木工程詹天佑奖 5 项；江苏省优质市政示范工程 1 项	0.33
昆明地铁 9 号线	中铁二局工程有限公司、中新苏州工业园区市政公用工程建设有限公司	中国建筑工程鲁班奖 6 项；中国土木工程詹天佑奖 5 项；国家科技进步特等奖 1 项，国家级优质工程银奖 2 项；省部级优质工程一等奖 22 项	0.67
广州地铁 11 号线	中国中铁股份有限公司	中国建筑工程鲁班奖 63 项；中国土木工程詹天佑奖 23 项；国家级优质工程奖 55 项；铁道部（火车头）优质工程奖 342 项，其他省部级优质工程奖 100 余项	1

（5）通过第三章的扎根得出承包人能力包括技术能力、管理能力、财务状况、以往项目业绩以及资质，发包人对承包人的能力要求主要体现在招标资格预审文件中。经咨询相关领域专家及项目负责人，在体现承包人能力的五项指标中，其重要性占比为技术能力 15%，管理能力 15%，财务状况 25%，业绩 20%，资质 25%。根据各项在招标资格预审文件中的描述分别打分，然后加权平均算出总分，再根据总分进行四分值赋值。其中技术能力和管理能力由其在招标文件评分细则中所占分值来描述，具体情况见表 4–5。

表 4–5　承包人能力及赋值依据

项目	赋值依据					分值
	技术能力	管理能力	财务状况	以往项目经验	资质	
深圳地铁 2 号线三期	10	10	需提供 2012—2014 年度财务审计报告及附表。近三年收入能稳健增长，利润总额高，还本付息能力强，净资产利润率高；抵押、担保、诉讼等较少，企业负债率低、净资产为正值，财务状况良好（20 分）	2010 年 9 月 1 日至今，投标人在中华人民共和国境内完成单项城市轨道交通 1km 以上的暗挖隧道工程（12 分）	市政公用工程施工总承包一级及以上或铁路工程施工总承包特级（20 分）	0.67

续表 4-5

项目	赋值依据					分值
	技术能力	管理能力	财务状况	以往项目经验	资质	
大连地铁5号线	8	5	近五年财务状况良好，投标人需提供2011年以来资产负债及利润情况表，需附有审计资格单位审计的2011—2015年度的审计报告（25分）	近五年内有城市轨道交通（指地铁或轻轨）建设项目业绩经验（项目累计投资额不低于100亿元）或运营维护项目业绩经验（18分）	①具备市政公用工程施工总承包特级资质。②具有房屋建筑（建筑工程）、公路、铁路、市政公用、港口与航道、水利水电专业中任意一项施工总承包特级资质和其中两项施工总承包一级或以上资质（25分）	1
南京地铁5号线	12	10	截至2015年底经会计师事务所审计后的独立投标人净资产或联合体成员净资产之和不低于300亿元人民币；需提供经会计师事务所审计的2015年度财务报告（联合体的，各方均需提供）（15分）	独立投标人或联合体成员中总承包方自2011年1月1日至今（以合同签订时间为准）具有国内大型城市轨道交通项目总承包工程业绩（10分）	独立投标人或联合体成员至少有一方应具有市政公用工程施工总承包一级及以上资质或铁路工程施工总承包特级资质；机电工程施工总承包一级资质或建筑机电安装工程专业承包一级资质（20分）	0.33
西安地铁9号线一期	9	5	须具有良好的商业信誉和健全的财务会计制度；需提供近3年（2013年、2014年、2015年）审计报告的复印件并加盖单位章附后；资产负债率不高于85%（20分）	自2010年1月1日至今，申请人在中华人民共和国境内至少有一项城市轨道交通（地铁或轻轨）投资、建设项目业绩，且单个项目合同额在人民币90亿元以上（16分）	须具备市政公用工程总承包一级及以上资质或铁路工程施工总承包特级资质（20分）	0.67
芜湖地铁1号线、2号线一期	13	10	申请人需提供2015年经审计的年度财务报告复印件，并盖公章。承包商应具有良好的财务状况，独立健全的财务管理、会计核算和资产管理制度，其净资产不低于人民币150亿元。近三年以来有依法缴纳税收和社会保障资金的良好记录（20分）	2011年1月1日至2016年6月30日期间，具有在建或已完工城市轨道交通（包括地铁、单轨、轻轨、磁悬浮和有轨电车）线路（累计不少于10公里）的施工承包业绩（15分）	铁路工程施工总承包一级及以上资质，市政公用工程施工总承包一级及以上资质（15分）	0.67

续表 4-5

项目	赋值依据					分值
	技术能力	管理能力	财务状况	以往项目经验	资质	
台州市域铁路S1线一期	13	13	申请人的实缴注册资本不得低于人民币100亿元，银行综合授信额度不低于人民币200亿元；没有处于被责令停业，财产被接管、冻结，破产等状态；均有依法缴纳税收和社会保障资金的良好记录。成立不足三年的公司提供近三年经审计的财务报表，成立不足一年的公司可不提供经审计的财务报表（20分）	2012年1月1日至资格预审申请文件递交截止日期间，申请人至少具有一个投资或建设或运营方面的轨道交通业绩（在项目中实际主导或控股50%以上）；联合体要求同上（10分）	申请人须具有建设行政主管部门颁发的铁路工程施工总承包特级或市政公用工程施工总承包一级及以上资质（20分）	0.67
昆明地铁9号线	15	15	投标人（联合体牵头人）需提供其近三年（2013—2015年度）经会计师事务所审计的财务审计报告和财务报表。投标人没有处于被责令停业，投标资格被暂停或取消，财产被接管、冻结，破产等状态。当为联合体时同上要求（20分）	2011年1月至今，投标人至少应具有投资或建设（设计或施工）或运营轨道交通业绩（须提供业主证明或中标通知书或合同协议书等作为业绩的有效证明材料）。当为联合体时要求同上（10分）	投标人须具有建设行政主管部门颁发的铁路工程施工总承包特级资质或市政公用工程施工总承包一级（含一级）及以上资质或工程设计综合甲级资质；当为联合体时要求同上（20分）	1
广州地铁11号线	8	8	近三年（2013年度、2014年度、2015年度）财务报告应当经具有法定资格的中介机构审计。企业总资产50亿元人民币或以上（或等值货币）、净资产30亿元人民币或以上（或等值货币）（以经审计的2015年财务报告为准）。联合体主办方必须满足上述所有资格条件要求（20分）	自2011年1月1日以来至少在国内承揽过（含在建）不低于28km的城市轨道交通工程（含地下车站和盾构区间）1项（注：包括控股或具有管理关系的下属公司）（20分）	具有承接本工程所需的市政公用工程总承包一级及以上资质。联合体主办方必须满足上述所有资格条件要求（15分）	0.67

资料来源：中国政府采购网 www.ccgp.gov.cn。

（6）根据张维迎和柯荣住的研究，人均 GDP 水平和信任之间有很大关系。因此，项目当地经济发展水平这一评价指标拟以中标项目所在地区当年的人均 GDP 为依据，将人均 GDP 大于 140 000 元的分值定为 1，80 000 元至 140 000 元之间定为 0.67，小于 80 000 元定为 0.33，具体情况见表 4–6。

表 4–6 项目当地经济发展水平及赋值依据

项目	项目招标年份	赋值依据（中标地区当年人均 GDP）/ 元	分值
深圳地铁 2 号线三期	2015	162 382	1
大连地铁 5 号线	2016	111 358	0.67
南京地铁 5 号线	2016	127 527	0.67
西安地铁 9 号线一期	2016	66 800	0.33
芜湖地铁 1 号线、2 号线一期	2016	67 938	0.33
台州市域铁路 S1 线一期	2016	65 174	0.33
昆明市轨道交通 9 号线	2016	59 915	0.33
广州地铁 11 号线	2016	145 254.39	1

资料来源：项目所在地统计局网站。

（二）发包人初始信任影响因素的模糊集矩阵

格哈德（Gerhard）和克里斯蒂安（Christian）通过研究发现发承包双方间的信任水平越低，越倾向于签订高度完备性的合同[17]。拉米（Ramy）和弗朗西斯（Francis）通过调查研究发现发包人对承包人越是不信任，就会在合同中设定越多的免责条款，从而导致缔约效率的降低，而在信任水平较高的交易关系中则较少设定[18]。可见初始信任对于柔性合同的形成具有显著的正向影响，工程项目中标后，发包人在合同签约前会根据其在招标资格预审阶段对承包人的初始信任为合同注入柔性。

近年来，很多学者基于再谈判条款柔性、价格浮动条款柔性与合同中激励要素的柔性等指标对合同柔性进行了度量，并取得了良好的检验效果。因此，本书拟用合同条款设置的柔性程度来反映发包人初始信任度的高低，即合同中是否有相关条款明确规定了在何种情况下应进行价款调整、对承包人承担额外风险应进行何种价格补偿，在何种情况下“双巨头”可以就合同启动重新再谈判，如果承包人为项目价值提升做出了额外贡献可否得到奖励。本书将通过分析所选样本案例的签约合同文本，对发包人的初始信任度进行四分值赋值。鉴于所选样本项目合同文本的保密性原则，在此不列出具体的合同条款，只给出具体赋值情况。结合上文中对发包人初始信任影响因素的赋值情况，得出发包人初始信任影响因素的 QCA 模糊集数据矩阵如表 4–7 所示，由于分析软件只能识别英文和数字，因此拟用首字母缩写来代替各项目名称和变量指标名称。其中，PI 代表项目投资额（月 /km），PE 代表发包人已有类似项目经验，RA 代表发包人风险偏好，CR 代表承包人声誉，CA 代表承包人能力，ED 代表项目当地经济发展水平，IT 代表初始信任度。SZ_2、DL_5、NJ_5、XA_9、$WH_{1、2}$、TZ_{S1}、KM_9、GZ_{11} 分别代表深圳市城市轨道交通 2 号线三期工程，大连地铁 5 号线工程，南京地铁 5 号线工程，西安市地铁 9 号线一期工程，芜湖市轨道交通 1 号线、2 号线一期工程，台州市域铁路 S1 线一期工程，昆明市轨道交通 9 号线工程，广州地铁 11 号线及同步实施工程总承包的广州市中心城区地下综合管廊（沿地铁 11 号线）工程。

表 4–7　发包人初始信任影响因素的 QCA 模糊集数据矩阵

CASE	PI	PE	RA	CR	CA	ED	IT
SZ_2	1	1	0.33	0.67	0.67	1	0.67
DL_5	0.67	0.67	1	1	1	0.67	0.67
NJ_5	0.67	1	0.67	0.33	0.33	0.67	0.33
XA_9	0.67	0.67	0.33	1	0.67	0.33	0.33
$WH_{1、2}$	0.33	0	0.33	1	0.67	0.33	0.33
TZ_{S1}	0.33	0	0.67	0.33	0.67	0.33	0.33
KM_9	0.33	0.33	0.67	0.67	1	0.33	0.33
GZ_{11}	0.67	1	0.33	1	0.67	1	1

（三）fsQCA 计算过程与运行结果

首先，将资料数据在 Excel 中编码后另存为 .csv 格式，用 fsQCA2.0 软件打开数据集，执行“File-Open-Data”命令，导入数据文件；然后用软件对变量数据进行简单的描述性统计分析，执行“Analyze-Necessary Conditions”命令，在软件窗口中设定结果变量为“IT”，将所有前因条件加入分析中，点击“Run”后可以得到发包人初始信任影响因素的必要性检验结果。

其次，进行真值表的获得，执行 fsQCA2.0 软件中的“Analyze-Fuzzy Truth Table Algorithm”命令，在软件菜单中将结果变量设定为“outcome”，前因变量设定为“causal”，点击“Run”后就可以得到真值表。真值表是条件变量与结果变量之间存在的所有逻辑组合，是软件将原编码数据转换为集合清晰隶属关系的样本值。

最后，需要设定一定门槛来决定选用哪些样本数据进入条件构型组合分析，包括样本频次的门槛和一致性门槛的设定。具体的计算过程见本书附录 1。

根据修正后的真值表，执行“Standard Analyses”命令。在出现的条件选择窗口中选择“Present or Absent”，点击“OK”，得到三个结果，即复杂解（Complex Solution）、中间解（Intermediate Solution）和吝啬解（Parsimonious Solution）。具体程序运行结果如下所示：

1. **复杂解**

```
**********************
*TRUTH TABLE ANALYSIS*
**********************
File: C:/Users/Administrator/Desktop/ 发包人初始信任度的 QCA 模糊集数据矩阵 .csv
Model: it = f(pi, pe, ra, cr, ca,ed)
 Rows:      7
   □ Rows:      4   57.1%
   □ Rows:      3   42.9%
   □ Rows:      0    0.0%
Algorithm: Quine-McCluskey
     True: 1
--- COMPLEX SOLUTION ---
frequency cutoff: 1.000000
consistency cutoff: 0.829146
```

```
                      raw       unique
                   coverage   coverage   consistency
                  ---------- ---------- ----------
pi*pe*cr*ca*ed            0.751880    0.503759    1.000000
~pi*~pe*ra*cr*ca*~ed       0.413534    0.165414    0.829146
solution coverage: 0.917293
solution consistency: 0.915000
```

2. **中间解**

```
**********************
*TRUTH TABLE ANALYSIS*
**********************
File: C:/Users/Administrator/Desktop/ 发包人初始信任度的 QCA 模糊集数据矩阵 .csv
Model: it = f(ed, ca, cr, ra, pe, pi)
 Rows:      3
   □ Rows:      0    0.0%
   □ Rows:      3   100.0%
   □ Rows:      0    0.0%
Algorithm: Quine-McCluskey
     True: 1
  0 Matrix: 0L
Don't Care: -
--- INTERMEDIATE SOLUTION ---
frequency cutoff: 1.000000
consistency cutoff: 0.829146
Assumptions:
                      raw       unique
                   coverage   coverage   consistency
                  ---------- ---------- ----------
```

ed*ca*cr*pe*pi 0.751880 0.503759 1.000000

~ed*ca*cr*ra*~pe*~pi 0.413534 0.165414 0.829146

solution coverage: 0.917293

solution consistency: 0.915000

3. 吝啬解

****

TRUTH TABLE ANALYSIS

****

File: C:/Users/Administrator/Desktop/ 发包人初始信任度的 QCA 模糊集数据矩阵 .csv

Model: it = f(pi, pe, ra, cr, ca,ed)

Rows: 7

□ Rows: 4 57.1%

□ Rows: 3 42.9%

□ Rows: 0 0.0%

Algorithm: Quine-McCluskey

True: 1-L

--- PARSIMONIOUS SOLUTION ---

frequency cutoff: 1.000000

consistency cutoff: 0.829146

	raw coverage	unique coverage	consistency
	----------	----------	----------
ra*cr	0.746867	0.000000	0.816438
~ra*ed	0.749373	0.000000	1.000000
cr*ed	1.000000	0.082707	1.000000
ca*ed	0.917293	0.000000	1.000000

solution coverage: 1.000000

solution consistency: 0.856223

四、发包人初始信任影响因素的构型组合

在上文求出的三个解中，由于吝啬解将简单反事实与复杂反事实分析都纳入简化过程中，有可能将重要的必要条件精简掉，导致所得精简解很有可能与现实不符。同时，在本书中复杂解与中间解的结果一致，因此可以将这两个解进行合并解释。由于所得到的两条路径的一致性得分（consistency）均超过了 0.8，表明其对结果变量的解释力度较好。两条路径用公式表示为：

$$ed*ca*cr*pe*pi \rightarrow it$$

$$\sim ed*ca*cr*ra*\sim pe*\sim pi \rightarrow it$$

根据布尔代数原理，可以表达为：ed*ca*cr*pe*pi + ~ed*ca*cr*ra*~pe*~pi → it（布尔代数中，“*”代表“并且”，“~”代表“非”，“+”代表“或者”）。通过观察可以发现，在不同的路径下，“承包人能力”和“承包人声誉”处于核心位置，为两条路径所共有。但是，即使这两个因素占据核心位置，也并不能因此而认为这两个因素可以单独影响结果，它们需要和不同的其他因素组合才能发生作用，所以构型组合路径如表 4-8 所示（其中“●”表示核心条件，“•”表示非核心条件起正向作用，“⊕”表示非核心条件起反向作用，空白表示原因条件对结果特征无关紧要）。

表 4-8　构型组合路径

变量	初始信任度（IT）	
	路径 1	路径 2
单位投资额（PI）/（亿元 / 月 /km）	•	⊕
发包人已有类似项目经验（PE）	•	⊕
发包人风险偏好（RA）		•
承包人声誉（CR）	●	●
承包人能力（CA）	●	●
项目当地经济发展水平（ED）	•	⊕
一致性	1.000 000	0.829 146
原始覆盖度	0.751 880	0.413 534
唯一覆盖度	0.503 759	0.165 414
解的覆盖度	0.917 293	

续表 4-8

变量	初始信任度（IT）	
	路径 1	路径 2
解的一致性	0.915 000	

因此，发包人高初始信任度的启动路径有两条，分别为：①高项目单位投资额 * 丰富的发包人已有类似项目经验 * 良好的承包人声誉 * 较高的承包人能力 * 较好的项目当地经济发展水平；②较低的项目单位投资额 * 较少的发包人已有类似项目经验 * 较高的发包人风险偏好 * 良好的承包人声誉 * 较高的承包人能力 * 较低的项目当地经济发展水平。

第五章　组态视角下发包人初始信任启动路径分析

一、初始信任启动路径的核心因素分析

通过观察两种启动路径，可以发现“承包人能力”和“承包人声誉”处于核心位置，为两条路径所共有，这也证实了基础设施建设项目中承包人能力因素和声誉因素能促使发包人产生初始信任。通过对现有研究的分析我们发现基于能力的信任和基于声誉的信任是众多信任分类中被普遍认可的，因此本书通过项目案例数据的分析得出的路径和理论研究吻合，这与目前有关于信任分类的研究存在着内在联系。

（一）基于承包人能力的因素分析

在基础设施建设项目初期招标阶段选择承包人时，能力因素会成为发包人首要考虑的因素，尤其是像城市轨道交通这样的大型复杂工程，“双巨头”相互套牢，发包人认为能力较强的承包人会为其节约交易成本，会更加关注承包人是否有能力履行承诺。承包人的能力会给发包人带来信心，增加发包人对其的认同。因此，只有承包人首先满足招标文件要求，具有发包人所需要的能力，才能激发发包人初始信任的产生。

基础设施建设项目招投标阶段是发包人对承包人进行选择的阶段，这对其自身未来的经济及社会效益的实现意义重大，发包人都希望通过招投标活动来选择一个合适的承包人，其主要特征是具备完成项目建设所需的能力要求，能增加对其未来

的预期，公平合理地分配项目利益则是保障其顺利实施的关键[19]。然而，在招投标活动进行之前，双方并没有过以往项目合作经验，发包人为了保证自身的利益不会受到损害，希望从各个方面更多地了解承包人。因此，发包人在资格预审阶段会对所要招标的工程项目概况及其招标范围进行详细介绍，除此之外，还会列明发包人对投标人的基本能力要求，以及对潜在投标人填写资格预审文件的指导说明。资格预审表包括列出潜在投标人的企业资质、以往项目业绩、财务状况、技术能力和管理能力等发包人需要了解的内容，并要求投标人填写发包人以应答形式给出的调查文件。在资格预审评审阶段，招标人会依据工程项目特点和招标工作性质划分所需评审的内容，在接下来的投标阶段只有通过考察的承包人才有机会进入，然后通过对潜在承包人的投标文件的进一步考察，最终选定中标者并与之签订合同。

（二）基于承包人声誉的因素分析

承包人声誉建立在该企业过去行为可靠性与一致性的基础之上，是其过去所有表现、历史记录的反映，是其他方对承包人整体表现多个方面的综合评价，是发包人评价其竞争力的关键指标之一。一方面，承包人不可能因为干好某一个项目就获得良好的声誉，因为它是一个积累性很强的因素，不能在短时间内提高和改善。另一方面，声誉具有“易碎性”，其累积与破坏过程存在严重的不对称，在这种情况下，企业会为自己将来的发展考虑而不会为了眼前的利益去破坏已经获得的声誉，因此拥有良好声誉的承包人有在市场上履行诚实和一致行为的动机。所以，由于承包人机会主义行为的潜在成本非常高，在现在信息传播速度非常快的条件下，投机行为会在承包人所在的社会网络中快速传播，使承包人失去很多和其他企业合作的机会。因此可以认为，声誉对机会主义行为有很大的影响，拥有良好声誉的承包人发生机会主义行为的可能性较低，会赢得发包人更多的信任。

在基础设施建设项目中，对发包人初始信任产生有重要影响的因素有限，因此资格预审文件和评标办法是发包人进行选择和甄别可信任承包人的有效工具。发包人要想有效地利用资格预审文件和评标办法选出自己信任的承包人，首先要明确约定自己对潜在承包人能力以及其在以往项目建设中的评分标准，融入更多信息在资格预审文件和评标办法中。与此同时，建立科学的信息共享机制，搭建全国范围内的发承包企业声誉信息发布平台与档案数据库，这对工程项目管理领域具有重大意义。未来套牢态势下的“双巨头”可以在缔约前对彼此的履约状况与诚信水平等进行交流，通过可信任信息的充分披露促进初始信任的产生。当然，在此过程中需要设立监督机构维持信息的真实性、可靠性和实时性，从而通过该信息平台为“双巨头”信任的建立提供正确的信息参考。

综上所述，基础设施建设项目中发包人高初始信任度的两条启动路径可以概括为“高投资—多经验—高声誉—高能力—高经济”路径与“低投资—少经验—高风险—高声誉—高能力—低经济”路径，下文将对这两条路径进行深入分析。

二、“高投资—多经验—高声誉—高能力—高经济”路径

第一条路径为高项目单位投资额—丰富的发包人已有类似项目经验—良好的承包人声誉—较高的承包人能力—较好的项目当地经济发展水平。它表明在基础设施项目所在地区经济发展水平较高，项目单位投资额较大，承包人有较强的能力和良好的声誉，并且在发包人已经多次建设过类似项目的情况下，在招标资格预审阶段中，发包人显示出较高的初始信任。具体的发包人初始信任启动路径如图 5-1 所示。

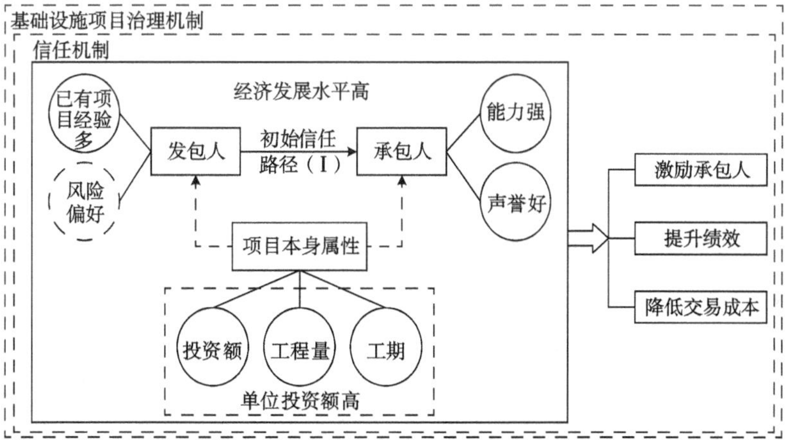

图 5-1　“高投资—多经验—高声誉—高能力—高经济”路径机理

（一）经济发展水平的影响

如果治理环境发生改变，会导致治理任务所依赖的路径发生改变，从而引起治理形式的改变。项目当地经济发展水平对该地区政府职能的履行情况、基础设施建设的状况、公共支出情况和服务水平以及居民受教育水平等各方面都会产生重要影响。在经济发展水平较高的地区，市场化程度也较高，有效市场制度的建立能够增加社会信任。因此，项目当地经济发展水平是非常重要的外部环境影响因素，它会影响到整个地区招投标市场的公平程度以及当地人民对效率的认知水平等多个方面。

发达的地区经济和良好的市场秩序为工程项目组织间信任提供了土壤，交易双方均有共同避免机会主义行为的愿望，相信己方的漏洞或缺陷不会在交易时被利用。因此在这种环境中，不管发包人属于偏好风险型的还是规避风险型的，都认为自己先给出初始信任，能激励承包人“投桃报李”，推动发承包双方的积极合作，由此产生的互惠行为将推进工程项目管理绩效的改善。当双方对采用大标段招标模式能降低交易成本达成共识时，发包人先给出初始信任的行为对其风险偏好没有依赖，甚至是可以忽略的。

（二）发包人经验与风险偏好的影响

从上面的分析可以看出，经济发展水平较高地区发包人初始信任的启动路径对其风险偏好并没有依赖，而从路径中可以看出发包人已有项目经验和当地的经济发展水平却是正相关的。因为有过基础设施建设项目大标段招标经验的发包人大都落脚在经济发展水平比较高的地区，比如深圳、广州等。尤其是深圳早在2012年发布的《关于深化建设工程招标投标改革的若干措施》（深建市场〔2012〕72号）中就规定“道路、桥梁、轨道交通工程等市政工程以及水务工程均应采用大标段总承包招标。在工程建设规模过大时，招标人可根据大型施工总承包企业所具备的经济、技术、经营管理实力，合理地划分总承包标段，市政工程每个标段合同估价原则上不宜低于5亿元人民币，水务工程每个标段合同估价原则上不宜低于2亿元人民币。低于上述规模的市政、水务工程应实行一次性施工总承包招标，不得再分标段、分专业多次招标，但桥梁和隧道工程，以及因征地拆迁等原因，不能同时开工需分开招标的或因技术原因必须划分标段的工程除外”。

由此可见，经济发展水平较高地区的创新能力较强，人们能在总结以往类似项目中经验的同时完善相应的机制，对大标段招标模式提升项目绩效、降低交易成本以及促进交易双方互惠的认知能力有良好效果，敢于创新项目建设管理模式。加之政府发布推动性政策文件来鼓励招标工程采用大标段招标的新型建设招标模式，可见这些因素对发包人初始信任启动路径的影响颇为显著。

（三）项目本身属性的影响

经济发展水平较高地区的创新能力强，人才汇集，因此对新技术的偏好性强。并且由于基础设施建设项目复杂性的本质特征，在其建设过程中会涌现出与其相匹配的一系列尖端复杂的技术，从而使资金的使用量呈现激增态势，导致工程项目单位投资额增加。近年来，随着社会的发展和科技的进步，工程项目的建设日趋复杂化，对项目可建筑性、可施工性的要求也越来越高。项目规模和项目复杂程度是发包人和承包人间建立信任过程中不可忽视的因素，在工程项目组织内，这双方信任关系的形成会受到项目本身属性的调节作用，受信者的可信任性程度会因此提高或降低。

相对于投资额度小、管理简单的工程项目而言，投资额度大会增加发包人的收益期望值，随着项目工期的增加、管理复杂性的提升会加大潜在风险发生的可能性，导致承包人对未来的可预见性减弱，降低了发包人信任的动机，进而干扰了信任主体相关要素对工程项目中信任状态发展的直接影响作用。这种情况下，承包人的竞争力将是合作伙伴评价的关键指标，如果承包人各方面能力较强，且在整个社会网络中具有良好的声誉，就会增强发包人对其的信任。

三、“低投资—少经验—高风险—高声誉—高能力—低经济”路径

第二条路径为较低的项目单位投资额—较少的发包人已有类似项目经验—较高

的发包人风险偏好—良好的承包人声誉—较高的承包人能力—较低的项目当地经济发展水平。这条路径表明在基础设施项目所在地区经济发展水平较低，承包人能力较强、声誉较好，并且发包人采取较高的风险偏好以及类似项目经验较少，项目单位投资额较小的情况下，发包人在招标资格预审阶段能显示出较高的初始信任。具体的发包人初始信任启动路径如图 5–2 所示。

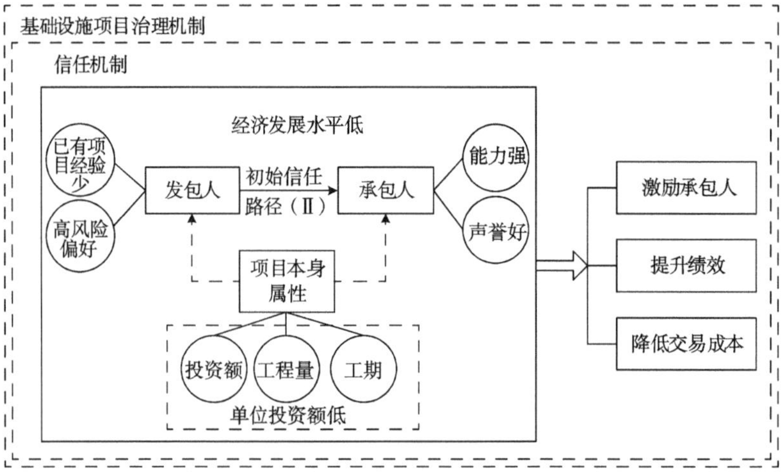

图 5–2 “低投资—少经验—高风险—高声誉—高能力—低经济”路径机理

（一）经济发展水平的影响

很多研究表明，信任与经济增长、市场化程度以及包括政府在内的大型组织的出现和有效运行高度相关，而且拉波塔（La Porta）通过研究发现信任与司法效率、税收服从程度、官僚机构效率、市民参与度和大企业成功率等因素存在正相关关系[20]。所以，在经济发展水平较低的地区，由于市场交易制度仍处在完善的过程中，整个地区的招投标市场还存在不规范的地方，导致交易市场的公平程度不高，信任的基石不稳定。

因此，在面对基础设施项目中如大标段城市轨道交通项目这种复杂工程时，经济不发达地区的建设方倾向于签订尽可能完备的合同来规避自己的风险，与此同时，承包方面对发包方规避自己风险的行为更倾向于利用合同中的漏洞来获取利润。这种工程项目发承包“双巨头”在合作中的博弈关系和防御思维已经成为阻碍该类地区工程建设项目成功与进步的巨大障碍。这种情况使得双方交易成本急剧增加，并将长期影响一个地区的发展。

（二）发包人经验与风险偏好的影响

经济水平发展不高的地区，发包人初始信任的启动路径依赖于其自身的风险偏好，这可能有两方面的原因导致。一方面，经济发展水平不高的地区，在大标段城市轨道交通项目这种复杂的基础设施项目方面的经验较少，甚至没有，这种情况下，只有少数敢为人先的领导才采取高风险偏好，用大标段招标模式进行基础设施项目的建设。另一方面，经济发展水平不高的地区，财政压力一般比较大，虽然对大标段招标模式的种种优势的认知不足，但政府为了实现跨越式发展，减轻财务压力，会不得不选择大标段招标方式来进行基础设施项目的建设。这两方面的原因就导致在经济发展水平不高的地区，风险偏好对发包人初始信任产生的作用就比较突出。

（三）项目本身属性的影响

项目规模与项目复杂程度等是发承包双方建立信任过程中不可忽视的因素，在工程项目组织内，发承包双方信任关系的形成会受到项目本身属性的调节作用，受信者的可信任性程度会因此提高或降低。在经济发展水平不高的地区，创新能力、人才资源以及新技术方面的资源相比发达地区均没有优势。在基础设施建设项目中，面对大标段城市轨道交通项目这种复杂工程，发包人倾向于借鉴其他地区已经成功的经验来进行建设，比如芜湖市轨道交通 1 号线、2 号线一期工程和台州市域铁路 S1 线一期工程，均是当地的第一条城市轨道交通项目。面对自己要建的第一条城市轨道交通项目，为稳妥起见，发包人一般对于尖端复杂技术没有偏好，相比于广州和深圳创新性不强。由于采用保守的技术，施工工艺等比较成熟，因此项目单位投资额偏低。经济发展水平不高的地区，发包人的这种倾向增加了对未来潜在风险的可预见性，进而强化了信任的动机。与此同时，由于自身建设经验不足，经济发展水平不高地区的发包人倾向于选择在基础设施项目建设领域有丰富经验的承包人来提高合作的信心，因此对承包人能力和声誉的要求较高。

四、研究结果分析

通过对本篇研究的结果进行分析，为今后实践中发包人初始信任启动得到以下三点启示。

（一）优化资格预审评审指标，确保其工作的科学有效

通过对不同经济发展水平下两条发包人初始信任启动路径的分析，发现“承包人能力”和“承包人声誉”是发包人初始信任启动的关键因素。由于项目成功的关键在于选择一个值得信赖的承包商，因此在资格预审中关于承包人能力和声誉指标的评价就成为非常重要的一环，关于这两个方面因素的评审指标与评审标准的进一步优化是提高资格预审科学性的关键。由于实际项目资格预审中关于承包人能力和声誉两个方面指标的描述往往过于简单，而且评审标准通常是决策者根据经验确定的，通常做法是将满分 100 分在若干评审指标间分劈，容易出现评价指标间分值分配不合理影响结果准确性的情况。因此，优化资格预审评审指标来保证其过程的科学有效就成为提高发包人初始信任的有效方法。在具体做法上可以适当提高资格预审评审标准，让符合条件且可信赖程度高的企业成为候选人，这样发包人在招标文件中设计的合同条款可适当降低刚性，采用更柔性的条款来合理分担风险，以此来激励承包人对发包人的信任“投桃报李”，回馈以互惠忠诚的履约行为。

（二）提升建设效率，发挥经济发达地区的引领作用

由于工期与造价是显示工程建设效率最重要的两项指标，工期短、造价低是建设方追求的理想目标。在经济发达地区，由于对尖端复杂技术的使用导致了单位投资额较高的情况，因此像深圳、广州这种发达城市，相关部门应该在提升项目建设综合效率上下功夫，争取在提高建设速度的同时把造价降下来，发挥其在全国城市轨道交通建设方面的引领作用。

（三）借鉴先进经验，在经济欠发达地区为大标段建设模式培育提供土壤

以天津地铁建设为例，一条线路通常需要划分为近 200 个标段分别招标，其弊端

是显而易见的：包含缔约成本、协调成本在内的各种交易成本高昂；各施工标段之间界面衔接难度大、成本高；小标段招标对承包人的利润激励不足。上述问题均极大地延缓了天津地铁的建设进程。而大标段建设模式将一条地铁线路划分为 2 ~ 3 个大标段，与实力雄厚的大型施工企业集团签订施工总承包合同，采用合同治理与施工企业内部的行政管理相结合的混合治理模式。该模式不仅有效地降低了缔约、履约、协调、界面管理等方面的交易成本，更为重要的是构建了一种政府业主与总承包人之间的“双巨头”博弈的稳定态势，进而诱致承包人尽善履约，从而极大地提升了项目的建设效率与质量。

由于在经济发展水平不高的地区，初始信任的启动受发包人风险偏好的影响较大，因此，需要主管部门提供宽松的政策环境，相关领导要有魄力，以整体性政府治理为前提，发挥政府各部门协同作用，提高指挥部级别，出台具有相当力度的推动性政策文件；同时，以先进的管理理论与技术为依托，创新建设管理模式。

本篇小结

基础设施建设项目发包人的初始信任影响“双巨头”后续信任的演变以及行为。跳出了以往基于承包方特质的研究局限，通过扎根理论确定了发包人初始信任的影响因素，而后使用模糊定性比较分析法生成了两条发包人高初始信任启动路径，发现“承包人能力”和“承包人声誉”是发包人初始信任启动的关键因素。本篇内容为后文探究承包人产生信任感知并按照发包人信任预期做出履约行为做了铺垫。

参考文献

［1］王亦虹，李雅萱，田平野，罗久刚．基于灰色—广义回归神经网络模型的城市群交通运输能力预测［J］．重庆交通大学学报（自然科学版），2022，41（08）：8-16.

［2］尹贻林，董宇，王垚．工程项目信任对风险分担的影响研究：基于扎根理论的半结构性访谈分析［J］．土木工程学报，2015（9）：117-128.

［3］Park J G, Lee J. Knowledge sharing in information systems development projects: Explicating the role of dependence and trust［J］. International Journal of Project Management, 2014，32（1）：153–165.

［4］Shu Z S, Mennecke B E, Nah F H, et al. Institutional boundaries and trust of virtual teams in collaborative design: An experimental study in a virtual world environment［J］. Computers in Human Behavior, 2014，35（2）：565–577.

［5］Cheung S O, Wei K W, Yiu T W, et al. Developing a trust inventory for construction contracting［J］. International Journal of Project Management, 2011,29（2）：184–196.

［6］Laan A, Noorderhaven N, Voordijk H, et al. Building trust in construction partnering projects: An exploratory case-study［J］. Journal of Purchasing & Supply Management, 2011，17（2）：98–108.

［7］Rosenbaum D A, Cohen R G, Jax S A, et al. The problem of serial order in behavior: Lashley's legacy［J］. Human Movement Science, 2007，26（4）：525–554.

［8］Storms L H. Apparent backward association: A situational effect［J］. J Exp Psychol, 1958，55（4）：390–395.

［9］Bargh J A, Chartrand T L. The mind in the middle: A practical guide to priming and automaticity research［J］. Handbook of research methods in social and personality psychology, 2000：253–285.

［10］张玥，辛自强.社会心理学中的启动研究：范式与挑战［J］.心理科学进展，2016，24（5）：844–854.

［11］孙晓娥.扎根理论在深度访谈研究中的实例探析［J］.西安交通大学学报（社会科学版），2011，31（06）：87–92.

［12］Mohr J, Spekman R. Characteristics of Partnership Success: Partnership Attributes, Communication Behavior and Conflict Resolution Techniques［J］. Strategic Management Journal, 1994，15（2）：135–152.

［13］尹贻林，徐志超.工程项目组织中信任状态的发展与演进：中国管理情景下的探索性研究［J］.管理工程学报，2017，31（02）：74–83.

［14］代广松，姜謇，田语嫣.关系治理对建筑工程项目质量绩效的影响研究——合作质量的中介效应［J］.数学的实践与认识，2019，49（09）：70–78.

［15］Qian X A, Papadonikolaki E. Shifting trust in construction supply chains through blockchain technology［J］. Engineering, Construction and Architectural Management, 2020.

［16］王淑湘.我国区域信任度比较研究［J］.地域研究与开发，2012，31（04）：14–18.

［17］Gerhard G, Christian B. Inter and Intra-organizational Trust in International Construction Joint Ventures［J］. Journal of Construction Engineering & Management, 2010，136（3）：353–360.

［18］Ramy Z, Francis H. Construction contracts: the cost of mistrust［J］. International Journal of Project Management, 2003，21（6）：419–424.

［19］王亦虹，田平野，邓斌超，戎娜娜.基于修正区间模糊 Shapley 值的“一带一路”PPP 项目利益分配模型［J］.运筹与管理，2021，30（05）：168–175.

［20］Porta R L, Lopez-De-Silanes F, Shleifer A, et al. Law and Finance［J］. Harvard Institute of Economic Research Working Papers, 2015，106（6）：26–68.

第三篇 承包人信任感知与互惠行为

信任是合作关系的重要基石，发包人主动缔结不完全契约显示出信任互惠倾向，使承包人产生信任感知，促使承包人按照发包人的信任预期做出互惠行为。从组织层面深入探讨承包人对发包人信任的感知程度对承包人互惠行为的影响机理，承包人信任感知和承包人互惠行为两者的构念建立、承包人如何感知到发包人信任以及如何影响其自身的互惠行为、不同组织学特征的承包人互惠行为差异，打开了一条通过对双方行为干预实现其行为助推的自主治理进路。最终达到提高发承包双方组织间信任水平，改善双方的合作效率的目的，对完善公共服务体系、推进精细治理起到关键性作用。

第六章 承包人信任感知的构念与测度

一、承包人信任感知的内涵及维度

（一）承包人信任感知的内涵

目前有关信任感知的研究集中在组织行为学领域，信任与信任感知是信任关系中两个独立的构念，其差异的关键在于两者的主体不同：施信方与受信方[1]。信任是指施信方在合作关系中积极承担风险的意愿，而信任感知则是指受信方对施信方这种积极承担风险意愿的感觉和认知。信任感知最早由莱斯特（Lester）和布劳尔（Brower）定义为受信方认为他的伙伴对他的信任程度，当其有一个积极的看法时，他就会感到被信任[2]。后由 Deng & Wang 将信任感知解构为授权感知、公平感知、主管支持和信息共享 4 个维度，并证明受信方的信任感知对施信方的满意度有正向影响[1]。萨拉蒙（Salamon）和鲁滨逊（Robinson）将信任感知的研究上升到集体层面，提出集体信任感知是同一组织的受信方就施信方对他们的信任程度达成一致，并将这种共享的认知分解为组织支持感、程序公平氛围和管理信任三个维度[3]。

通过对现有成果的分析发现，虽然上述研究能够为承包人信任感知的内涵界定和维度划分提供借鉴，但在组织行为学领域多是基于组织内部信任的视角以员工作为研究对象，而本书所研究的发承包双方信任关系属于组织间互动，因而更有必要从组织间视角对承包人信任感知进行重新厘清和维度划分。王雪青等[4]引入承包人信任与承包人信任感知两个概念，指出信任感知更强调对他人积极期许和乐于承担风险的认知。蒋卫平等基于承包人视角探讨了信任感知对项目成功的重要作用[5]。周培等的研究表明信任感知差异对于风险分担效率具有显著负向影响，但上述文献并未对承包人信任感知的内涵进行清晰的界定[6]。由此，本书借鉴前人对“信任感知”的界定，提出“承包人信任感知”这一构念所包含的关键因素：①信任感知的主体为受信方，在发承包双方的信任关系中应为承包人的感觉及认知；②借鉴劳的观点将信任感知视为情感和行为的综合体；③发承包人之间的信任属于组织间信任。综上，将承包人信任感知定义为承包人对其是否被发包人信任的感觉与认知。

（二）承包人信任感知的维度

如前所述，以往研究对信任感知的维度划分多是基于组织内部信任的视角，而发承包双方的信任互动属于组织间行为，因而需要从组织间信任的视角进一步厘清承包人信任感知的维度。鉴于此，本书在借鉴 Deng & Wang、萨拉蒙和鲁滨逊研究成果的基础上，再次进行文献梳理和半结构化访谈以获取有关信任感知的第一手资料，采用质性研究方法开发并检验承包人信任感知的维度构成。访谈对象为管理领域有关信任研究的学者、天津理工大学项目管理硕士研究生、施工单位中高层管理者及技术人员，将其分为 3 组，并根据访谈对象不同分别采用专家访谈法和焦点小组访谈法，每次访谈都进行录音及笔录。首先向受访者介绍承包人信任感知的概念和内涵，然后向受访者提出访谈提纲中的问题，并进行延伸讨论，逐步明确受访者对承包人信任感知维度构成的理解。经过 3 轮 6 人次的专家访谈、3 轮 6 人次的焦点小组访谈，得到 2.8 万字的原始访谈记录，对上述数据进行挖掘、整理、编码，初步凝练出授权感知、公平感知、支持感知、信息共享和双方关系特征 5 个承包人信任感知维度。

1. 授权感知

施信方可以通过冒险行为来表现出对受信方的信任，而授权就是冒险的一种形式[7]。本书将授权定义为发包人将一部分决策权分配给承包人。当承包人察觉到发包人的授权行为，承包人则感到被信任。Lee & Koh[8]指出授权感知是受信方感知到施信方授权行为的心理状态。因此，本书将授权感知用作信任感知维度并依据施普赖策（Spreitzer）[9]的成果将授权感知分解为意义、自我决定、能力和影响四个维度。

2. 公平感知

公平被认为是信任的前提，且对结果和过程公平的感知与组织信任有关[10]。本书将公平感知界定为承包人在项目进行过程中对过程和结果公平性的感知，其测量采用多数学者使用的分配、程序和互动公平三个维度[11]。组织公平最初强调的是对结果的公平，即分配公平。现有研究表明分配公平会对建筑工人安全行为产生显著的正向影响，在变革型领导和建筑工人的安全行为之间起中介作用[12]。随后学者研究分配公平的潜在影响，从强调分配结果转变到分配过程即程序公平[13]，对结果的公平感知不再是唯一的决定因素。而互动公平则是程序公平的延伸，涉及施信方与受信方在合作过程中互动的各个方面，如诚信、尊重等[14]。

3. **支持感知**

本书依据科特基（Kottke）[15]的研究成果将主管支持感这一概念引入支持感知，指承包人感知到发包人重视自己贡献和关心自己福利的程度，且发包人支持是影响承包人行为的重要前因。德克（Dirks）和费林（Ferrin）[16]等人的研究表示支持感与组织间信任相关。Stingl Hamber[17]等人的研究结果也表明支持感在公平和信任之间起到中介作用。因此本书引入支持感知作为承包人信任感知的维度之一，并沿用国内学者凌文辁[18]等的研究成果将支持感知分为工作支持、价值认同和利益关心三个维度。

4. **信息共享**

信息共享被定义为一方公开分享、讨论和沟通决策所需的重要信息[19]。组织间信息共享会产生多项积极影响且影响组织间信任的产生[20]，因此本书将信息共享作为本研究的维度之一。目前，信息共享的研究主要体现在供应链领域中，其维度划分大致可以分为以下几种情况：单维度、双维度、三维度以及四维度。双维度主要分为信息内容、信息质量[21]；三维度主要分为作业信息、管理信息、战略信息[22]。本书通过总结访谈内容与查阅相关文献，搜集关于信息共享的内涵，将其划分为共享内容与共享质量两个维度。

5. **双方关系特征**

访谈资料验证了上述文献中的四个维度，同时对信任感知的维度划分与上述结构存在差异。其中，发承包双方签订合同条款的柔性是受访者多次提及的，且文献研究显示合同中柔性条款是以双方信任为前提签订的[10]。双方相似性则是在有关信任感知的文献中发现其积极作用，包括文化相似性、利益和价值观相似性等。现有研究也已经证实发承包双方的相互性、沟通对组织间信任存在正向影响。由此，本书将合同柔性、相似性、相互性和沟通总结为双方关系特征并作为承包人信任感知的重要维度，且此维度在访谈过程中也被证明。

二、承包人信任感知的测量

（一）初始量表题项的设立

在实证研究之前，课题组运用质性研究方法获得承包人信任感知的第一手相关资料，作为发展题项的重要依据。定性研究具体采用半结构化访谈，访谈对象包括施工单位管理人员、长期从事相关研究的专业人士等。首先基于前期研究所确定的承包人信任感知的五个维度，设计用于题项开发的访谈提纲；进而与被访谈者就承包人信任感知各维度的具体情感与行为表征展开深入交流，对访谈全过程进行录音和重点笔录；对采集的文本数据展开质性编码分析，并结合劳、Deng & Wang、萨拉蒙和鲁滨逊等人的研究成果确定承包人信任感知各维度题项，开发出涵盖文献经典题项和访谈题项的初始量表。由于涉及较多英文文献，为保证效度，课题组邀请从事信任研究与英语专业研究的学者共同研讨，对相关题项再次进行筛选。

将上述量表在天津理工大学项目管理硕士研究生群体内进行小样本预试，依据反馈结果对量表题项和语言表述进行斟酌，对承包人信任感知量表中少量不合理题项进行调整，最终得出可用于大规模调查的初始测量量表，见表 6–1。该量表由五个维度、40 个题项组成，要求被调查者结合自身工作经验选择最符合的题项作答。

表 6–1　承包人信任感知初始题项

维度	潜在变量	编号	题　项
授权感知	工作意义 ME	SQ1	发包人的态度使我方感觉到自己做的工作对合作是有意义的
		SQ2	在与发包人合作过程中，我方的工作对自身是有意义的
		SQ3	在与发包人合作过程中我方的工作是非常重要的
	自我效能 CO	SQ4	合作过程中我方对自身承担的工作很有信心
		SQ5	我相信我方有能力做好本职工作
		SQ6	在工作中发包人需要依赖我方所掌握的技能

续表 6-1

维度	潜在变量	编号	题　　项
授权感知	自我决策 SD	SQ7	我方在合作中拥有更多的发言权
		SQ8	我方能够在合作中参与到重大工作
		SQ9	我方在合作中有更多的自主机会
	影响力 IM	SQ10	我方在合作中会影响重大决策的制订
		SQ11	我方在合作过程中产生的问题有很大控制权
		SQ12	在合作过程中我方对产生的问题有很大控制权
公平感知	分配公平 FP	GP1	我方获得的收益与签订的合同一致
		GP2	我方承担的风险与签订的合同一致
		GP3	合同外给予我方的奖金或非货币形式的补偿是公平的
	程序公平 CX	GP4	发包人在处理自身和我方违约情况时采用统一标准
		GP5	发包人承诺先向我方支付利益补偿再执行其指令
		GP6	我方有权质疑发包人下达的变更指标
	互动公平 HD	GP7	发包人与我方以平等的身份互动，且充分尊重我方意见
		GP8	发包人经常向我方解释其决策意图
		GP9	发包人认真考虑我方意见并及时反馈
支持感知	工作支持 GZ	ZC1	发包人向我方提供提高工程效率的有效建议
		ZC2	发包人帮助我方解决合作中遇到的困难
		ZC3	发包人鼓励我方表达想法和建议
		ZC4	我方能够获得需要的资源
	价值认同 JZ	ZC5	发包人认为我方的努力是有价值的
		ZC6	发包人团队十分友善，易于接近
		ZC7	合作过程中发包人兼顾我方的目标和价值实现
	利益关心 LY	ZC8	发包人的付款节点和比例较为合理
		ZC9	发包人关心我方在合作中的满意度
		ZC10	发包人做决策时考虑我方利益
信息共享	共享质量 ZL	XX1	发包人向我方解释在合作过程中的目标和决策
		XX2	发包人与我方讨论合作中的真实感受
	共享内容 NR	XX3	发包人与我方分享他的价值观
		XX4	发包人与我方讨论可能对发包人不利的工作上的困难
双方关系特征	合同柔性 HT	GX1	发包人与我方签订的合同具有很大的柔性

续表 6-1

维度	潜在变量	编号	题项
双方关系特征	相互性 XH	GX2	发包人对我方做出合同约定之外的贡献给予相应回报
	相似性 XS	GX3	双方价值观的相似性更容易感知到信任
		GX4	双方文化相似性更能促进我方产生信任感知
	沟通 GT	GX5	我方与发包人沟通顺畅

基于初始量表编制调查问卷，在“问卷星”网站上发布电子版调查问卷，线下发布纸质版问卷。被试者根据实际工作情况对各题项的同意程度打分，采用 Likert 5 级量表形式，选项为“完全同意”“比较同意”“基本同意”“不太同意”“完全不同意”依次表示 5 ~ 1 分。

问卷面向各类施工企业的项目经理、中层及以上管理人员，共发放 300 份，回收 232 份。去除填写不完整及明显无效问卷后，留下有效问卷 164 份，问卷回收率为 77.3%，问卷有效率为 70.7%。通过统计被试者个人背景信息可知 86.3% 的被试者具有 10 年以上工程实践经历，且能较好地理解题项含义，由此可以认为本研究所收集的数据较为真实、可靠。

（二）探索性因子分析（EFA）

为进一步精炼题项，确定量表最佳结构，本研究运用 SPSS 软件对第一阶段所收集数据进行探索性因子分析。首先进行 KMO 样本测度和 Bartlett 球体检验，如表 6-2 所示，KMO 值等于 0.896>0.5，且 Bartlett 球体检验的显著性为 0.000，表明数据总体一致性良好，测试可靠性较高，初始量表可以进行因子分析。本书采用 Kareser 标准（特征值大于 1）作为因子选择标准，并利用主成分与最大方差旋转法提取因子，并结合碎石图最终提取 4 个公因子。

表 6-2　KMO 和 Bartlett 的检验

取样足够度的 Kaiser-Meyer-Olkin 度量	Bartlett 的球形度检验		
	近似卡方	Df	Sig.
0.896	6 110.415	780	0.000

根据侯杰泰[23]等人的研究成果取因子荷载截取点为 0.45，且为了提高题项之间的区分度、提高因子荷载及精简题项，删除了在两个以上因子中负荷载量均大于 0.45 或在每个因子上的表现均未超过 0.45 的题项，删除题项包括 GP1、GP6、SQ11、SQ7、SQ8、ZC4、ZC6、ZC2、GX4、XX3 和 XX4。

依据前述标准进行多次 SPSS 软件分析，本研究最终提炼出 4 个因子，因子负荷均在 0.5 以上，公因子累计贡献率为 78.96%。随后，计算克龙巴赫（Cronbach'）α 系数，以检验量表的稳定性与可靠性。结果显示，总量表 Cronbach' α 系数为 0.93，各维度量表的 Cronbach' α 系数均大于 0.7，说明量表具有较高的内部一致信度，如表 6-3 所示。

表 6-3 探索性因子分析结果

测量题项	成分			
	因子 1	因子 2	因子 3	因子 4
GP7	0.933			
XX1	0.919			
GP9	0.911			
GP8	0.911			
GP4	0.882			
GP3	0.830			
GP2	0.815			
GP5	0.800			
ZC3		0.926		
ZC10		0.915		
ZC1		0.911		
ZC9		0.906		
XX2		0.902		
ZC7		0.893		
ZC8		0.877		
ZC5		0.862		
SQ2			0.823	
SQ9			0.815	
SQ4			0.804	
SQ12			0.802	
SQ10			0.855	

续表 6-3

测量题项	成分			
	因子 1	因子 2	因子 3	因子 4
SQ5			0.801	
SQ6			0.800	
SQ3			0.764	
SQ1			0.738	
GX3				0.952
GX1				0.934
GX2				0.890
GX5				0.902
Cronbach' α 系数	0.959	0.964	0.923	0.940
累计贡献率	28.36%	49.32%	68.17%	78.96%

此外，探索性因子分析结果显示，信息共享维度中 XX1、XX2 属于公平感知与支持感知维度，通过观察发现 XX1 与 GP8、XX2 与 ZC7 语义相似，因此本书采用内容法[24]将其分别组合。依据内容相近的组合原则，将 XX1 与 GP8 加和平均得到一个新的题项 GP10；将 XX2 与 ZC7 加和平均得到一个新的题项 ZC11。由此，本书最终得到 4 个因子构念，分别对应授权感知（SQ）、公平感知（GP）、支持感知（ZC）和双方关系特征（GX）。

（三）验证性因子分析（CFA）

在探索性因子分析后删除、合并了部分题项，选取修正后的承包人信任感知量表，进行第二次问卷发放，回收 155 个有效样本。针对上述样本进行验证性因子分析，检验承包人信任感知量表四因子结构模型的合理性。运行 AMOS 软件获取的验证性因子分析结果拟合性指数均在可接受范围内，故综合来看可以认为模型与数据的拟合程度可以接受，如表 6-4 所示。

表 6-4　验证性因子分析结果（*N*=155）

拟合指标	内　涵	本模型拟合结果
CMIN/DF	样本协方差矩阵与估计方差矩阵的相似程度	2.243<2.5

续表 6-4

拟合指标	内　涵	本模型拟合结果
RMSEA	近似误差均方根	0.079<0.08
RMR	残差均方根	0.062<0.09
TLI	非规范拟合指数	0.903>0.9
CFI	比较拟合指数	0.913>0.9
IFI	增量拟合指标	0.913>0.9
PNFI	简约规范拟合指标	0.767>0.5

注：拟合指标参考海尔（Hair）（2006）[25]。

验证性因子分析的标准化估计值模型如图 6-1 所示，本量表中经探索性因子分析保留的 25 个题项对应潜变量的路径系数均大于因子荷载（0.5）。为确定本书建立模型的有效性，再次对其信效度进行检验。

如表 6-5 所示，信度和效度检验结果显示授权感知、公平感知、支持感知和双方关系特征四个维度的内部一致性 α 系数均大于 0.7，总量表 α 系数为 0.946，相应的 AVE 值均大于 0.5，4 个潜在变量 AVE 的平方根均大于其与其他潜在变量之间的标准化相关系数。以上检验结果说明本书设计的承包人信任感知量表具有理想的信度与效度。

表 6-5　信度、效度分析结果（*N*=155）

因子	1	2	3	4	题项数	Cronbach' α	AVE
授权感知	1（0.764）				7	0.918	0.584
公平感知	0.130**	1（0.844）			7	0.945	0.713
支持感知	0.129**	0.805**	1（0.886）		8	0.960	0.785
双方关系特征	0.136**	0.750**	0.764**	1（0.878）	3	0.917	0.771

注：对角线括号内为本维度 AVE 值的平方根；* 表示 $p \leqslant 0.05$；** 表示 $p \leqslant 0.01$；*** 表示 $p \leqslant 0.001$。

（四）承包人信任感知最终量表

本书在对以往研究进行系统梳理的基础上界定了承包人信任感知的构念。学界对承包人信任感知的研究主要集中于探讨其影响机制以及信任感知的前因变量等，而对其内涵的界定并不统一，缺乏较为完善的概念定义。通过借鉴劳的观点，明确

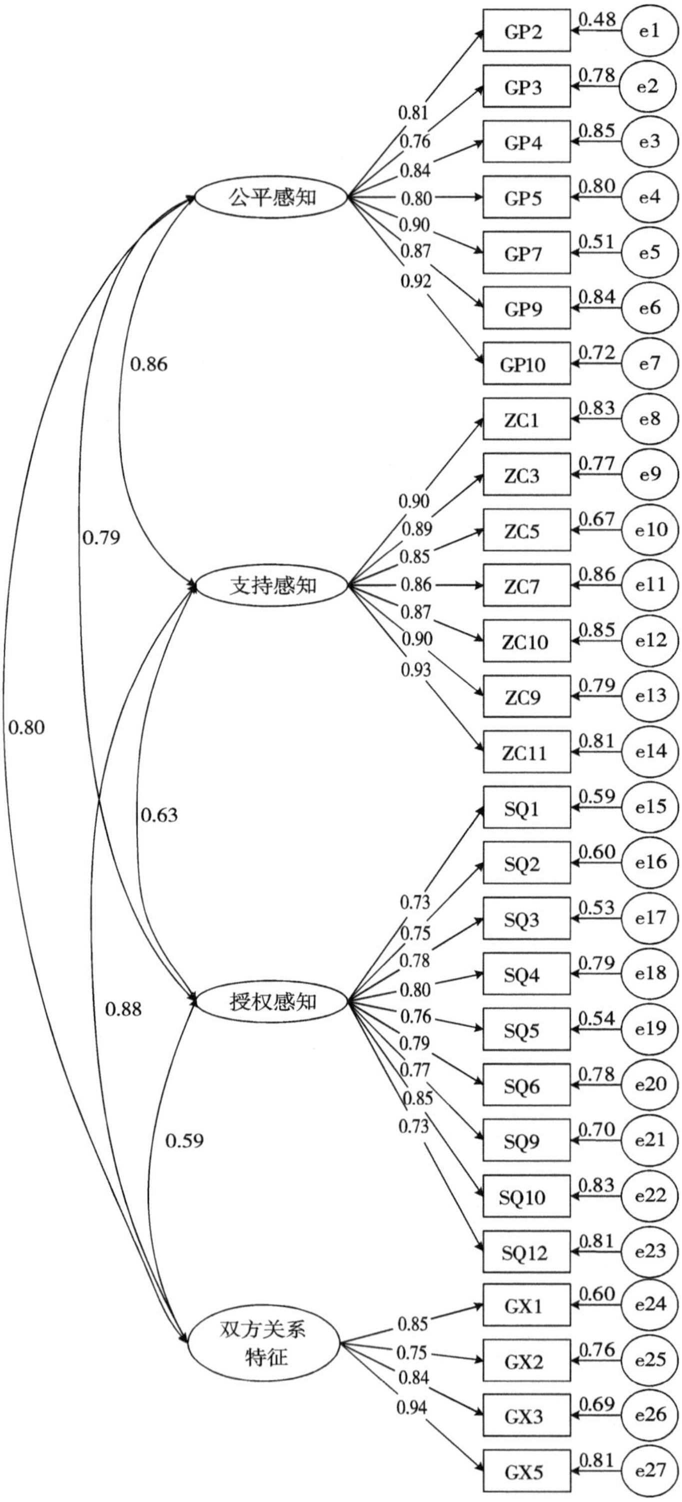

图 6-1　承包人信任感知验证性因子分析模型

信任感知是情感和行为的综合体，将承包人信任感知定义为承包人对其是否被发包人信任的感知，且只有在承包人感觉到被信任时才会对其行为产生影响。

借鉴组织行为学领域相关文献，并结合半结构化访谈解构了承包人信任感知维度，开发了相关量表。通过文献梳理得到承包人信任感知的初始维度，后经3组半结构化访谈进行验证与补充，得出承包人信任感知的五个初始维度。据此结合文献分析与访谈数据编码发展相应题项，后依据初步量表的小样本测试结果，对承包人信任感知量表的题项及语言表述进行斟酌，对少量不合理的题项进行删除与调整，最终得出可用于大规模调查的初始测量量表。

承包人信任感知最终量表如表6–6所示。首先对第一轮调查问卷所得数据进行探索性因子分析，删除了在两个以上的因子中负荷载量均大于0.45或在每个因子上的表现均未超过0.45的12个题项，包括GP1、GP6、SQ11、SQ7、SQ10、SQ8、ZC4、ZC6、ZC2、GX4、XX3、XX4。其次采用相似内容组合法归纳整理得到了授权感知、公平感知、支持感知和双方关系特征四个维度，分别包含9个、7个、7个、4个题项，共27个测量指标。进行第二轮问卷调查，将所得数据进行验证性因子分析，结果表明构建的4因子分析模型拟合度较好且具有理想的信度和效度。

表6–6　承包人信任感知最终量表

维度	潜在变量	编号	题　项
授权感知	工作意义 ME	SQ1	发包人的态度使我方感觉到自己做的工作对合作是有意义的
		SQ2	在与发包人合作过程中，我方的工作对自身是有意义的
		SQ3	在与发包人合作过程中我方的工作是非常重要的
	自我效能 CO	SQ4	合作过程中我方对自身承担的工作很有信心
		SQ5	我相信我方有能力做好本职工作
		SQ6	在工作中发包人需要依赖我方所掌握的技能
	影响力 IM	SQ9	我方在合作中有更多的自主机会
		SQ10	我方在合作中会影响重大决策的制订
		SQ12	在合作过程中我方对产生的问题有很大控制权
公平感知	分配公平 FP	GP2	我方承担的风险与签订的合同一致
		GP3	合同外给予我方的奖金或非货币形式的补偿是公平的

续表 6–6

维度	潜在变量	编号	题　项
公平感知	程序公平 CX	GP4	发包人在处理自身和我方违约情况时采用统一标准
		GP5	发包人承诺先向我方支付利益补偿再执行其指令
	互动公平 HD	GP7	发包人与我方以平等的身份互动，且充分尊重我方意见
		GP9	发包人认真考虑我方意见并及时反馈
		GP10	发包人经常向我方解释其决策意图
支持感知	工作支持 GZ	ZC1	发包人向我方提供提高工程效率的有效建议
		ZC3	发包人鼓励我方表达想法和建议
	价值认同 JZ	ZC5	发包人认为我方的努力是有价值的
		ZC11	合作过程中发包人兼顾我方的目标和价值实现
支持感知	利益关心 LY	ZC8	发包人的付款节点和比例较为合理
		ZC9	发包人关心我方在合作中的满意度
		ZC10	发包人做决策时考虑我方利益
双方关系特征	合同柔性 HT	GX1	发包人与我方签订的合同具有很大的柔性
	相互性 XH	GX2	发包人对我方做出合同约定之外的贡献给予相应回报
	相似性 XS	GX3	我方与发包人的企业文化很相似
	沟通 GT	GX5	我方与发包人沟通顺畅

第七章 承包人互惠行为的构念与测度

一、承包人互惠行为的解析

(一)互惠概念的提出

查找关于互惠的经典文献，引用最多的是社会学家古尔德纳(Gouldner)[26]的研究，他将互惠定义为“构建给予帮助和回报义务的道德规范”，可以起到维持社会稳定的作用，并适用于所有人类社会文化。社会学家对于互惠的研究虽然以思辨为主，但是缺少实证证据支持。拉宾(Rabin)[27]教授提出了行为经济学的互惠性偏好理论模型，并赋予了互惠性偏好定义。根据拉宾互惠性偏好理论，互惠性偏好可以分为互惠性动机和互惠性行为两个维度。互惠性动机是指个体在损失自身一定的效用且没有可以预期到的未来收益的情况下，具有对别人的友善或不友善的行为采取报答或者报复的动机。由于互惠动机而引发的行为称为互惠性行为[28]。

互惠行为是人类社会活动中的一种现象。生物学早于经济学系统地研究互惠行为。生物学家将互惠行为定义为有条件的利他行为，这种行为仅仅发生在愿意实施利他互惠行为的合作之间[29]。但是生物演化理论表明，在自然选择下，互惠行为的群体和个体都不能生存，这与现实中大量个体表现出的行为不同。经济学则接受了社会心理学提出的“考虑人的偏好和愿望中是否存在利他互惠的因素”这一观点，认为互惠行为是人们对友善行为或非友善行为的一种行为反应[30]。

基于信任螺旋强化模型，本章研究范畴是双方交易过程中承包人在感知到发包人信任之后对其自身互惠行为的影响。目前关于承包人行为的研究忽略了信任感知这一环节，直接分析发包人信任的施予对承包人行为的影响，显然施信方与受信方对信任的理解并不一定相同地会催生不同的态度或行为，因此，本书将互惠行为作为结果变量，探讨承包人信任感知对其自身互惠行为的影响。

（二）互惠的类型划分

目前互惠概念广泛应用于社会学、生物学、经济学、心理学、管理学等学科中，也正因为互惠涉及不同的学科，学者们对其类型的划分存在着显著差别。目前对于互惠的类型划分主要有以下几种，拉宾认为互惠通常指“人们对觉察到的友善回报以友善、不友善回报以不友善的交互行为”，前者称为正互惠，后者称为负互惠。索贝尔（Sobel）[31] 根据互惠产生原因的不同将互惠分为内在互惠和帮助性互惠。金迪斯（Gintis）[32] 最早提出强互惠这一概念，强互惠主义者要求合作的对等性，即使自身需要付出比较高的代价，也坚持惩罚群体中的不合作者和破坏合作者。有关互惠的类型划分如表 7–1 所示。

表 7–1　互惠的类型划分

学科	研究者	分类
社会学	萨林斯（Sahlins）（1972）[33]	广泛互惠
		平衡互惠
		负面互惠
	韦尔曼（Wellman）（1988）[34]	限定性互惠
		一般化互惠
		网络平衡互惠
	拉宾（1998）[27]	正互惠
		负互惠
行为经济学	金迪斯（2000）[32]	强互惠
		弱互惠
	索贝尔（2005）[31]	内在互惠
		帮助性互惠

目前在学界最为常用的分类方式为广泛互惠、平衡互惠和负面互惠[35]。社会学家 Sahlins[33] 利用礼物交换中蕴含的互惠思想，指出互惠可以从三个方面来刻画：回

报的平等性（equivalence）、及时性（immediacy）和利益性（interest），进而提出互惠的三种类型：广泛互惠（generalized reciprocity）、平衡互惠（balanced reciprocity）和负面互惠（negative reciprocity）。其中，广泛互惠为利他的行为方式，即在付出的同时，并不要求对方给予相应的回报，这一互惠类型与鲍尔斯（Bowlers）和金迪斯（Gintis）所提出的强互惠的概念相似。负面互惠则完全体现为高度的自利，在对方付出的同时，不注重给对方回报；平衡互惠则体现为当一方为对方付出努力时，对方给予相同的回报。

（三）承包人互惠行为的界定

本书以互惠交换连续体作为理论基础，其中包含即时、等价、利益三个互惠维度的逻辑类型。“即时”指的是获取的利益与偿还之间的时间间隔，从同步回报到无限期回报不等；“等价”表示交换的资源在价值上的相似程度；“利益”指交换伙伴参与交换过程的性质，范围从无限的自利、共同利益到对另一方的关心。这些维度的不同配置产生了三种类型的互惠交换，从“负面互惠”到“广泛互惠”的连续体[33]。

如图 7-1 所示，互惠连续体的两端是两种相反的情况。右端是广泛互惠，这种情况下给予者是利他主义的，并不期望接受者在预定的时间内以相等的价值回报。左端是负面互惠，负面互惠具有及时、等价回报和高度自利的特征。这种交换形式的捐助者以索取为目的，以牺牲受益人的利益为代价，谋求其利益的最大化。中间是平衡互惠，平衡互惠介于广泛互惠和负面互惠之间，所以体现在互惠规范、交换类型、社会价值取向以及组织文化价值导向这些特点时都介于广泛互惠和负面互惠的特点之间[36]，反映的是等价资源的同时交换。也就是说，受助人必须在短时间内向他们的给予者偿还等价的资源[37]。

在平衡互惠中双方不会公开讨论回报的内容和时间，但是双方都会遵守互惠规范，维护对方的利益并及时地给予回报，所以也具有高平等性和即时性的特点。由于平衡互惠中的双方对交换资源的价值是否公平表现出的敏感度非常高，强调交换过程中双方利益的平等，因此典型的平衡互惠发生在交易、协议等合作环境中[38]。根据上述研究分析，平衡互惠行为的要素包括：①交换关系；②高平等性；③高及时性；④公平性；⑤回报行为。

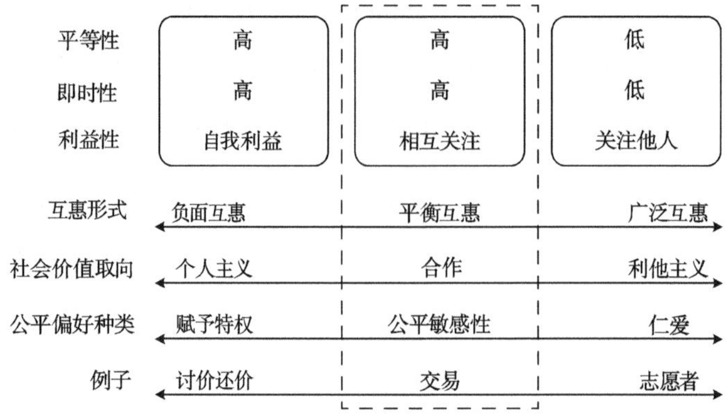

图 7–1　互惠交换连续体

注：基于史密斯（Smith）（2003）提出的互惠交换连续体改编绘制。

工程项目中发包人 – 承包人的合作发生在交换关系中[39]，在双巨头交易过程中更为关注的是高平等性、高即时性和相互关注的利益性。承包人互惠行为发生在双方交易过程中，且双方对于公平敏感度很高，对于自己付出的利益需要对方及时回报，因此本书所探讨的互惠属于典型的平衡互惠，承包人互惠行为属于平衡互惠的范畴。基于此，本书对承包人平衡互惠行为界定如下：承包人平衡互惠行为是指在承包人与发包人的交易关系中，承包人根据发包人的行为态度，短时间内回报或偿还发包人价值相近资源的回报行为。

二、承包人互惠行为的测量

（一）互惠的测量

虽然很多组织行为学的研究应用互惠来解释变量之间的内在作用机制，但是互惠的测量方法和互惠量表的开发却是在近些年的研究中才发展起来的。目前组织行为学文献中互惠行为的量表多数依据萨林斯（Sahlins）[33]提出的即时性、平等性和利益性三个基本维度进行测量。即时性主要反映了管理者和下属之间互惠间隔的时间；平等性描述的是管理者和下属交换时给予对方资源价值的相等程度；利益性则表现的是领导和下属在交换中的利益动机，从利己（self-interest）、利他（other-interest）和互利（mutual-interest）三个方面测量利益性。

基于上述文献，Wu 在中国的管理情境下开发出包含广泛互惠、平衡互惠和负面互惠三种互惠类型的测量量表，在我国现有互惠行为研究中得到了广泛的应用[40]。李双燕和万迪昉[41]测量员工互惠行为时在 Wu 的基础上将平衡互惠量表从利益、回报、平等三个方面凝练为 3 个测量题项，如表 7–2 所示，且研究证明具有较好的信效度。

表 7–2　平衡互惠行为测量题项

互惠行为	测量题项	题项来源	突出的重点
平衡互惠	公司自身的利益与员工利益一样注重	Wu（2006）； Uhl-Bien & Maslyn（2003）； 徐爽（2007）	利益、平等
	我的努力会得到相应补偿	萨林斯（1972）； 李双燕，万迪昉（2008）； Wu（2006）	利益、平等、回报
	如果我工作出色，会得到晋升	Uhl-Bien & Maslyn（2003）； Wu（2006）	回报

注：借鉴李双燕和万迪昉（2008）的测量题项绘制。

本书测量的是工程项目承包人的互惠行为，研究对象的特征与组织行为学中的对象特征存在明显差异，且组织行为学中现有量表的题项表述较为笼统，对工程项目情境下的互惠行为指代不清，通过小样本测试发现测量效果不太理想，因此有必要对工程项目情景下的互惠行为题项进一步细化和完善。

（二）承包人互惠行为量表与题项设计

在前文梳理承包人互惠行为相关研究的基础上，首先，参考已有组织行为的成熟量表对其进行情景化处理，进行适当筛选和修改。由于所参考文献多数为英文文献，为保证效度，邀请从事信任、互惠研究与英语专业研究的学者共同研讨，对相关题项进行逐字翻译，依据反馈结果对量表题项和语言表述进行斟酌。其次，邀请有丰富工程管理及工程合同管理经验的研究人员，按照项目阶段对发承包双方合作过程中可能存在的互惠行为进行划分，对上述题项进行补充与完善。再次，就上述两部分得出的承包人互惠行为测量量表中题项的正确性、可读性、重复性等进行评价，修改至专家及研究人员一致认为承包人互惠行为的测量题项较为合理，得到承包人互惠行为的初始测量量表。最后，通过小样本测试，检验量表的信度和效度。

按照“双巨头”合作过程中各阶段发生的时序，分析工程实践人员访谈文本得出承包人互惠行为主要体现在合同谈判 / 签订、建设 / 履约、变更、支付结算 4 个阶段。因此本书主要依据工程实践人员访谈文本和施工合同，分别对每个阶段具有利益、回报、平等特性的承包人行为进行考量，分别得出各阶段承包人平衡互惠行为的测量题项。

1. 合同谈判 / 签订

依据上述文献中互惠行为测量的三个重点，通过文献查询与访谈文本发现承包人在合同签订与谈判阶段更多看重的是发包人是否采用平等的谈判态度、是否给予承包人更多的自主权。首先，发包人应该具有积极、平等的态度，承包人也会做出积极的回报行为，在制订合同条款时承包人会根据发包人的态度来选择如何与发包人商榷合同条款的制订。其次，发包人在谈判时信息应该公开透明，不应隐瞒重要信息造成承包人利益受损或风险增加，承包人也会做出利益共享的回报行为，不会为了获取额外利益而隐瞒重要信息。再次，关于合同中重要的时间节点的制订，若发包人能够征求承包人意见，与承包人协商制订，承包人也会在考虑发包人需求之后积极配合。最后，合同条款中合理规定发承包双方的权利和义务，在合同中尽可能给予承包人更多的自主权，承包人表示也会尽力改善项目绩效，达成双赢。

2. 建设 / 履约

若发包人与承包人签订了柔性合同，会使承包人感知到较高的信任程度。关于柔性合同的研究早就有之，陈梦龙[42]证明了柔性合同能对承包人的行为起到积极的效用，这也体现了承包人互惠行为的回报和平等的特性。在索赔方面，若合作过程中发包人对承包人显示了足够的尊重，在遇到问题与交流时能够平等对待，在产生争议或索赔时承包人也会采用友好协商的方式解决。在访谈的被试者回答中，都体现了合同外或合同未清晰规定的突发事件中发包人的协调效率、处理态度对承包人的互惠行为影响较大，如“在我们刚刚完成的这个项目中，我们遇到了一些合同外的突发状况，当时发包人很积极地帮助我们解决了这个问题，之后在变更时发包人遇到了问题我们也积极地帮助了发包人”。在遇到合同未约定或不清晰的突发事件时，若发包人有积极的处理态度，承包人也会积极配合和协调。关于风险方面，发包人若平等对待承包人，在处理合同约定之外的风险分配问题时，承包人也会选择积极控制项目风险对发包人负责，抑制整体项目风险的发生。

3. 变更

变更这一阶段中更多涉及的是利益方面，承包人对于发包人是否合理支付变更中的增项费用更为敏感，且发包人对承包人做出的贡献给予合理的额外奖励也尤为重要。若发包人提出变更要求的同时，对承包人表现出有意补偿其因变更而产生的费用，承包人执行中会以项目为核心积极配合，按照业主要求实施变更。《建设工程施工合同（示范文本）》（GF–2017–0201）中有关“承包人的合理化建议”这一标题下明确规定“合理化建议降低了合同价格或者提高了工程经济效益的，发包人可对承包人给予奖励，奖励的方法和金额在专用合同条款中约定”。这表明承包人对于发包人给予的奖励也会产生积极的回报行为。发包人能够看重承包人利益且能够给予承包人相应的奖励，承包人会提出合理化建议降低合同价格或提高工程经济效益。

4. 支付结算

访谈过程中被试者最为一致同意的是工程项目中，承包人对其所获得的利益和费用最为敏感与注重。支付结算阶段主要依据访谈文本中对承包人所获得收益的描述进行分析，访谈文本中承包人代表清晰地表达了发包人支付结算阶段的态度与行为对承包人的互惠行为是有影响的。如访谈文本：“首先当然是发包人的付款节点和比例了”“发包人支付工程款的时间，比如到了约定的付款时间发包人主动按时支付了工程款，这种情况下我们是会在之后的合作中积极地回馈发包人的互惠行为的”“当然会了，我方肯定希望快点完成施工任务，如果发包人能够给予我方奖励那更好了，我们肯定会回馈发包人了”。依据访谈文本和专家建议设置能够体现利益、回报、平等的承包人平衡互惠行为的测量题项。

对于承包人平衡互惠行为的测量题项，主要采用专家访谈、文本分析等方法分析总结了施工合同、访谈文本、相关文献中的内容。首先将现有文本中的承包人行为逐一列出，并对应平衡互惠行为的回报、利益、平等三个特点，找出符合承包人互惠行为的测量题项。

基于上述分析，将合同谈判 / 签订、建设 / 履约、变更、支付结算四个阶段的测量题项最终整合为承包人平衡互惠行为的初始测量量表，如表 7–3 所示。

表 7-3　承包人平衡互惠行为初始测量量表

互惠行为	工程阶段	编号	题项	对应重点
承包人互惠行为	合同谈判 / 签订	RB1	若发包人对我方信息公开透明，我方也不会为了获取额外利益隐瞒重要信息	回报、利益
		RB2	若发包人以平等的态度开展谈判，我方会主动提出合理化建议优化合同条款	回报、平等
		RB3	若发包人在设定重要时间节点时征求我方意见，我方也会主动配合、积极协商	回报、平等
		RB4	若发包人在合同中给予我方更多的自主权，我方会自愿付出额外努力来改善整个项目绩效	回报、平等
	建设 / 履约	RB5	在感知到发包人设定的柔性合同时，我方不会利用合同漏洞进行恶意索赔	回报、平等
		RB6	若合作过程中发包人对我方显示了足够的尊重，在产生争议或索赔时我方会采用友好协商的方式解决	回报、平等、利益
		RB7	若合同外发包人对我方风险分配合理，我方也会积极控制项目风险，抑制风险回流至发包人	回报、平等
		RB8	在遇到合同未约定或不清晰的突发事件时，若发包人有积极的处理态度，我方也会积极配合和协调	回报、平等
	变更	RB9	若发包人能够给予我方相应的奖励，我方会提出合理化建议降低合同价格或提高工程经济效益	回报、平等、利益
		RB10	若发包人有意补偿我方因变更产生的费用，我方会积极配合，按照业主要求实施变更	回报、平等、利益
	支付结算	RB11	若发包人承诺给予我方提前竣工的奖励，我方会提出提前竣工的建议，为发包人带来效益	回报、平等、利益
		RB12	若发包人按时主动支付工程进度款，我方会在保证工程质量的前提下加快施工进度	回报、平等、利益

（三）承包人互惠行为量表的信效度分析

对已有承包人平衡互惠行为初始量表进行小样本预试，对量表中少量不合理题项进行调整，得出可用于大规模调查的承包人互惠行为测量量表。在已有问卷的基础上，为提高最后数据的可靠性，本研究采用小样本测试的方法来检验承包人平衡互惠行为量表的信度和效度。首先分析 α 系数，如果此值高于 0.8，则说明信度高；如果此值介于 0.7 ~ 0.8 之间，则说明信度较好；如果此值介于 0.6 ~ 0.7 之间，则说明信度可接受；如果此值低于 0.6，则说明信度不佳[43]。本部分小样本测试范围为天津理工大学项目管理硕士研究生，通过电子问卷的方式发放给在企业担任过项目经理、生产经理或商务经理的学员。

最终共回收到53份有效电子问卷，运用SPSS 22.0进行信度和效度检验，具体结果信度系数值为0.762，大于0.7，说明研究数据信度质量良好。针对“项已删除的 α 系数”，任意题项被删除后信度系数并不会有明显的上升，因此说明题项不应该被删除处理。研究数据信度系数值高于0.7，删除题项后信度系数值并不会明显提高，综合说明数据信度质量高，且所有题项的CITC值均高于0.5，说明量表信度、效度均符合标准，如表7–4所示。

表7–4　承包人互惠行为量表信效度分析

题项	校正项总计相关性（CITC）	项已删除的 α 系数	Cronbach' α 系数
RB1	0.595	0.770	0.762
RB2	0.598	0.736	
RB3	0.571	0.738	
RB4	0.554	0.739	
RB5	0.510	0.739	
RB6	0.544	0.780	
RB7	0.579	0.736	
RB8	0.539	0.762	
RB9	0.662	0.711	
RB10	0.567	0.738	
RB11	0.550	0.740	
RB12	0.548	0.751	
标准化 Cronbach' α 系数：0.757			

综上所述，已有承包人平衡互惠行为量表的信度、效度均符合要求，因此在正式问卷调查中继续沿用以上承包人平衡互惠行为量表。

第八章　承包人信任感知与互惠行为的综合量表开发与模型构建

一、承包人信任感知与互惠行为的关系分析

信任在合作关系中扮演着重要的角色，是合作关系的润滑剂。已有信任与互惠行为关系的研究文献主要从信任是互惠的前因变量、信任感知与互惠行为两个方面来阐述，下文将从这两个方面分别进行综述。

（一）信任作为互惠行为的前因变量

在现有信任与互惠关系的文献中，多数聚焦于信任作为互惠的前因变量进行研究。组织行为学领域中个体间的信任研究证明了信任他人的目的就是换取对方随后的回报性正互惠行为[44]。梁平汉和孟涓涓[45]的实验结果证明了施信方的初始信任程度对于受信方的互惠行为有着显著的正面影响。朱伟民认为企业间互惠的增加有助于产生主动型信任，其中，企业间沟通和互惠对主动型信任的作用更明显[46]。关于组织间的信任互惠研究证明了信任水平是影响互惠的前因变量，组织间信任水平越高或越信任伙伴，就越愿意做出分享信息和共享资源等互惠行为[47]。

以往组织行为学研究中将信任作为互惠行为的前因变量，证明了信任对互惠行为有着正向的促进关系，工程领域中也有类似的结论产生。王亦虹[48]等认为工程项目承包人互惠行为的前提是感受到发包人在招标文件中显示的信任倾向与体现在合同中的信任激励性条款。张水波[49]等的研究结果表明承包人的信任

对承包人的合作行为具有显著的正向影响。上述研究均证实了信任对互惠行为的积极作用，但较少关注到工程领域组织间的信任关系，因此本书立足于承包人视角，在组织层面搜集、分析、汇总资料数据，探讨工程项目中发包人与承包人两组织间的信任问题。

（二）信任感知与互惠行为的影响关系

现有研究已经证明信任是诱发互惠行为的“动机”，而关于研究信任感知对互惠行为影响关系的实证分析较少，部分文献提出受信方信任感知对其行为的研究。组织行为学领域中的研究表明，员工的信任感知对其积极回报行为具有显著的正向影响[50]。信任感知差异对风险分担效率具有显著的负向作用，项目双方的高度信任促进风险分担合理配置[51]。工程领域中，王雪青[52]等的研究明确提出承包人信任感知这一独立构念，并证明了承包人信任感知越强，承包人孤立和预防性的敌对行为将会减少，积极行为则会增多。而上述积极的回报行为均属于承包人互惠行为的范畴，为本书提出承包人信任感知对其自身互惠行为影响的假设提供了坚实的理论基础。

目前工程领域中忽视了承包人信任感知环节，尤其鲜见承包人信任感知与承包人互惠行为之间逻辑关系的研究。基于上述分析，本书着眼于探讨感知到信任的承包人做出互惠行为的过程机制。当承包人感知到发包人的信任时，是否会激发承包人的互惠行为，这就需要探究承包人信任感知与其互惠行为的相关性，分析承包人信任感知的不同维度对其互惠行为的影响差异。

综上所述，有关信任感知的研究集中在组织行为学领域，不仅对信任与信任感知做出了明确的区分，还对信任感知的内涵、维度及测量进行了相关研究。现有研究关于互惠行为的前因变量主要有公平、信任、利他主义等，而关于受信方信任感知对互惠行为影响的直接研究较为少见。基于信任螺旋强化模型的分析发现，直接影响承包人互惠行为的是其自身的信任感知，是激发承包人互惠行为产生的核心所在。然而工程项目领域内的研究大多直接分析发包人信任的施予对承包人行为的影响，尚未发现有关承包人信任感知对其互惠行为影响的相关研究。

二、信任感知与互惠行为综合量表确定

（一）问卷设计

本书的调查问卷根据国内外关于研究变量的成熟量表制作了一个综合量表，主要分为三个部分。第一部分问卷 A 为被试者个人基本信息资料，包括性别、年龄、学历、工作年限、职位及单位性质 6 个题项以及完成的最近一项工程项目投资额和所在单位获得国家工程奖次数的收集，有利于我们了解样本的基本分布情况。

第二部分问卷 B 为承包人信任感知的测量，其中包括授权感知 9 个题项、公平感知 7 个题项、支持感知 7 个题项和双方关系特征 4 个题项。除最后一题的受访人自行补充测量承包人信任感知题项外，其余题项的设置全部采用规范的李克特（Likert）式 5 点量表计分法，分别为非常不同意、不同意、一般、同意、非常同意，相应地赋予 1 ~ 5 分值进行测量。

第三部分问卷 C 为承包人平衡互惠行为的量表，共 12 个题项。除最后一题的受访人自行补充测量承包人互惠行为题项外，其余题项的设置同样采用规范的 Likert 式 5 点量表计分法，分别为非常不同意、不同意、一般、同意、非常同意，相应地赋予 1 ~ 5 分值进行测量。各问卷部分题项设置如表 8–1 所示，最终承包人信任感知与其平衡互惠行为综合量表见附录 2。

表 8–1　信任感知与互惠行为综合量表题项设置

问卷	问题设置	答案设置				
问卷 A	该项目单项工程投资额	≤ 3 000 万元	3 000 万元 ~ 1 亿元	1 亿元 ~ 2 亿元	2 亿元以上	
	您所在单位所获国家工程奖项次数	0 次	1 ~ 20 次	20 ~ 50 次	50 ~ 100 次	100 次以上
	…	…	…	…	…	…
问卷 B	发包人的态度使我方感觉到自己做的工作对合作是有意义的	1	2	3	4	5
	发包人的态度使我方感觉到自己做的工作对自身是有意义的	1	2	3	4	5
	…	…	…	…	…	…

续表 8-1

问卷	问题设置	答案设置				
问卷 C	若发包人对我方信息公开透明，我方也不会为了获取额外利益隐瞒重要信息	1	2	3	4	5
	若发包人以平等的态度开展谈判，我方会主动提出合理化建议优化合同条款	1	2	3	4	5
	…	…	…	…	…	…

（二）小样本测试

在问卷设计的基础上，得到承包人信任感知及其自身互惠行为的综合量表，但上文中仅分别对承包人信任感知量表、承包人平衡互惠行为进行了各自的信度与效度检验，并未对整体量表的信度、效度进行验证。因此，为提高后期数据收集的质量，在正式调查前进行小样本测试来检验综合量表的可信度。

量表的信效度用 Cronbach' α 系数和 CITC 值进行评价。通常认为当 Cronbach' α 系数所得值为 0.7 及以上说明量表总体信度达到可接受标准，当 CITC 值大于 0.5 时说明该条款与量表整体相关程度较好。本部分小样本测试通过电子问卷的方式，定点发放给施工单位的项目经理、生产经理、商务经理等员工。最终共回收到 45 份有效电子问卷，运用 SPSS 22.0 进行信度和效度检验。

综合量表小样本测试中，承包人信任感知部分的信效度检验结果如表 8–2 所示，量表信度系数值为 0.926，大于 0.7，因而说明研究数据信度质量良好。针对“项已删除的 α 系数”，任意题项被删除后信度系数并不会有明显的上升，说明题项不应该被删除处理，且所有题项的 CITC 值均高于 0.5，说明量表信度、效度均符合标准。

表 8–2 承包人信任感知信度、效度检验

名称	校正项总计相关性（CITC）	项已删除的 α 系数	Cronbach' α 系数
SQ1	0.595	0.940	0.939
SQ2	0.599	0.939	
SQ3	0.586	0.931	
SQ4	0.563	0.930	

续表 8–2

名称	校正项总计相关性（CITC）	项已删除的 α 系数	Cronbach' α 系数
SQ5	0.556	0.930	0.939
SQ6	0.577	0.939	
SQ9	0.673	0.936	
SQ10	0.522	0.937	
SQ12	0.555	0.937	
GP2	0.515	0.930	
GP3	0.592	0.937	
GP4	0.757	0.934	
GP5	0.705	0.935	
GP7	0.741	0.934	
GP9	0.787	0.934	
GP10	0.768	0.934	
ZC1	0.690	0.935	
ZC3	0.639	0.936	
ZC5	0.673	0.936	
ZC11	0.830	0.934	
ZC8	0.682	0.935	
ZC9	0.646	0.936	
ZC10	0.709	0.935	
GX1	0.597	0.936	
GX2	0.625	0.936	
GX3	0.630	0.936	
GX5	0.639	0.936	

综合量表小样本测试中，承包人平衡互惠行为部分的信效度检验结果如表 8–3 所示，量表信度系数值为 0.856，大于 0.7，因而说明研究数据信度质量良好。针对“项已删除的 α 系数”，任意题项被删除后信度系数并不会有明显的上升，说明题项不应该被删除处理，且所有题项的 CITC 值均高于 0.5，说明量表信度、效度均符合标准。

表 8-3　互惠行为信效度分析

名称	校正项总计相关性（CITC）	项已删除的 α 系数	Cronbach' α 系数
RB1	0.567	0.921	0.921
RB2	0.694	0.914	
RB3	0.752	0.913	
RB4	0.577	0.920	
RB5	0.596	0.921	
RB6	0.687	0.914	
RB7	0.652	0.916	
RB8	0.816	0.910	
RB9	0.716	0.913	
RB10	0.785	0.911	
RB11	0.757	0.913	
RB12	0.789	0.910	

通过小样本测试，检验承包人信任感知及其平衡互惠行为综合量表的信效度，发现其信度、效度均符合要求。其中承包人信任感知部分包括 27 个题项，承包人平衡互惠行为包含 12 个题项，最终综合量表见本书附录 2。

三、假设提出及模型构建

（一）假设提出

1. 基本假设

现有研究中信任与互惠行为的正相关性已得到证实[53]，发包人初始信任的产生可以激发承包人积极的互惠行为。根据信任螺旋强化模型，完整的信任链条包括发包人信任 – 承包人信任感知 – 承包人互惠行为 – 信任反馈四个阶段，信任感知介于信任与互惠行为之间。信任与互惠行为的研究为本书假设的提出奠定了坚实的基础，因此有理由相信信任感知与互惠行为之间存在相关关系。前文已得出信任感知包含授权感知、公平感知、支持感知及双方关系特征四个维度，因此本书提出信任感知及其维度与承包人互惠行为相关关系的正式假设。

（1）授权感知对承包人平衡互惠行为的影响。

授权从某种意义上来说是对受信方的一种激励，授权感知是在施信方授权之后受信方主观所产生的认知和感觉，是受信方感知到授权行为的一种心理状态。组织行为学领域中，当领导给予员工较多的授权时，员工会产生更加积极的情绪或心理，对员工工作态度和行为产生更多的正面影响[54]。管理者的授权能够使员工拥有更多的权利和自主性，强化员工的内部人身份感知，刺激员工产生积极的互惠行为[55]。工程领域中发包人对承包人进行授权同样能增强承包人的使命感，增强承包人对于合作的影响力，刺激承包人积极回报行为的产生。发包人通过权力的合理分配使得承包人有更多参与项目决策的机会，有助于承包人为实现项目管理目标而开展一系列积极行为，因此本书提出以下假设：

假设 1：授权感知对承包人平衡互惠行为有显著的正向影响。

假设 1a：工作意义对承包人平衡互惠行为有显著的正向影响。

假设 1b：自我效能对承包人平衡互惠行为有显著的正向影响。

假设 1c：影响力对承包人平衡互惠行为有显著的正向影响。

（2）公平感知对承包人平衡互惠行为的影响。

目前已有研究证实组织公平感知是解释受信方行为发生的主要变量[56]，当受信方感知到来自施信方的公平，受信方更趋向于产生积极的回报行为，一个企业在资源分配过程中受到公平的对待，有可能会做出积极的行为来维护相互之间的合作关系，分配公平作为公平感知最为核心的部分，被证实能够促进受信方的行为[57]。Lv[58]等的研究提出工程合同争议谈判中，公平在合作过程中起到显著作用，被认为是获得与之相对应的回报的有力保障，对承包人的合作行为也具有较强的影响。对于互动公平的研究，强化合作过程中的互动公平感知能够促进交易双方的关系质量，强化信息共享等互惠行为。基于以上研究加强承包人公平感知能够促进合作双方的组织关系，有助于互惠行为的发生。因此本书提出如下假设：

假设 2：公平感知对承包人平衡互惠行为有显著的正向影响。

假设 2a：分配公平对承包人平衡互惠行为有显著的正向影响。

假设 2b：程序公平对承包人平衡互惠行为有显著的正向影响。

假设 2c：互动公平对承包人平衡互惠行为有显著的正向影响。

（3）支持感知对承包人平衡互惠行为的影响。

较高的组织支持感有利于受信方产生较高水平的回报行为，Shen 等在进行员工产出研究时发现，组织支持感对组织公民行为有显著的正向影响[59]。凌文铨等（2006）认为组织支持感对情感承诺和利他行为有显著的正向影响。综上，组织支持感在施信方行为和动机方面有显著的正向影响，因此本书提出如下假设：

假设 3：支持感知对承包人平衡互惠行为有显著的正向影响。

假设 3a：工作支持对承包人平衡互惠行为有显著的正向影响。

假设 3b：价值认同对承包人平衡互惠行为有显著的正向影响。

假设 3c：利益关心对承包人平衡互惠行为有显著的正向影响。

（4）双方关系特征对承包人平衡互惠行为的影响。

在双方关系特征方面，文献研究显示合同中的柔性条款是以双方信任为前提签订的[60]，承包人意识到签订合同的柔性越强，承包人信任感知越强。双方相似性则是在有关信任感知的文献中发现其积极作用，包括文化相似性、利益和价值观相似性等。现有研究也已经证实发承包双方的相互性、沟通对组织间信任存在正向影响。基于上述分析，正向的双方关系特征对承包人的行为和动机有显著的正向影响，因此本书提出如下假设：

假设 4：双方关系特征对承包人平衡互惠行为有显著的正向影响。

2. 假设汇总

本书假设汇总整理后如表 8–4 所示。

表 8–4　本书假设汇总

假设	内　容
假设 1	授权感知对承包人平衡互惠行为有显著的正向影响
假设 1a	工作意义对承包人平衡互惠行为有显著的正向影响
假设 1b	自我效能对承包人平衡互惠行为有显著的正向影响
假设 1c	影响力对承包人平衡互惠行为有显著的正向影响
假设 2	公平感知对承包人平衡互惠行为有显著的正向影响
假设 2a	分配公平对承包人平衡互惠行为有显著的正向影响
假设 2b	程序公平对承包人平衡互惠行为有显著的正向影响
假设 2c	互动公平对承包人平衡互惠行为有显著的正向影响

续表 8-4

假设	内　　容
假设 3	支持感知对承包人平衡互惠行为有显著的正向影响
假设 3a	工作支持对承包人平衡互惠行为有显著的正向影响
假设 3b	价值认同对承包人平衡互惠行为有显著的正向影响
假设 3c	利益关心对承包人平衡互惠行为有显著的正向影响
假设 4	双方关系特征对承包人平衡互惠行为有显著的正向影响

综上，本书一共提出 13 个假设，授权感知 4 个假设、公平感知 4 个假设、支持感知 4 个假设及双方关系特征 1 个假设。

（二）研究模型

1. 概念模型

本书旨在探究承包人信任感知对其自身互惠行为的影响研究，首先，在所需综合量表中确定承包人信任感知的 n 个维度（维度 1，…，维度 n），并确定每个维度下的分维度（维度 11，…，维度 1m；…；维度 n1，…，维度 nk）。然后，在承包人信任感知对承包人互惠行为影响实证研究中建立每个承包人信任感知维度、分维度与承包人互惠行为的假设关系。最终，通过数据分析对每个假设进行验证。依据上述研究内容与分析构建本书概念模型，如图 8-1 所示。

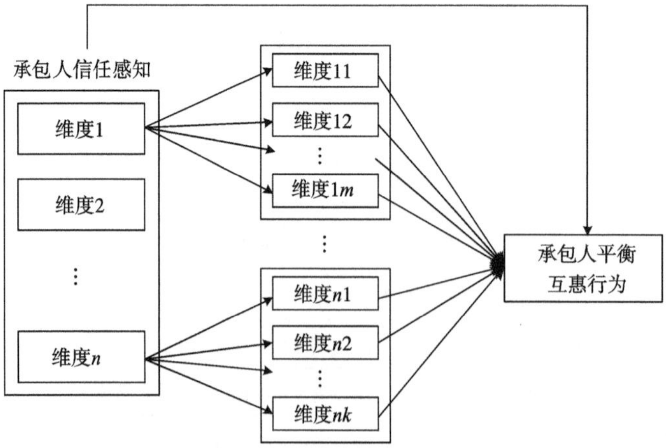

图 8-1　本书概念模型

依据上述概念模型，建立承包人信任感知、信任感知维度及其分维度与承包人平衡互惠行为的相关假设，再通过相关分析对所建假设进行验证。

2. 研究模型

基于本研究理论模型，对承包人信任感知的不同维度与其自身互惠行为之间的关系，得出总的研究假设及模型如图 8-2 所示。

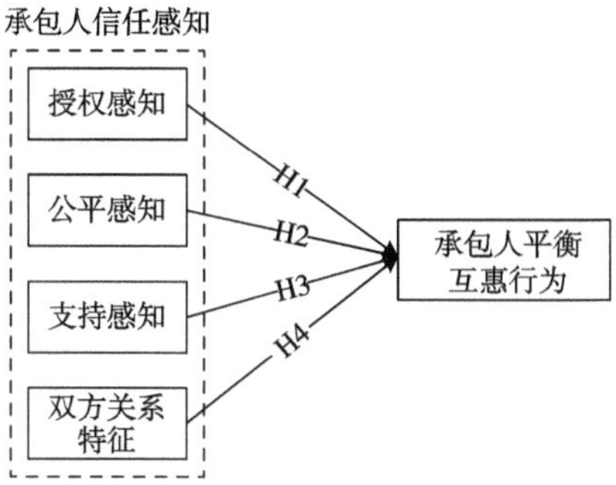

图 8-2　本书的研究总模型

信任感知与互惠行为量表开发得出承包人信任感知四个维度下的分维度，依据二级维度下的分假设，进一步细化本研究的研究模型，如图 8-3 所示。

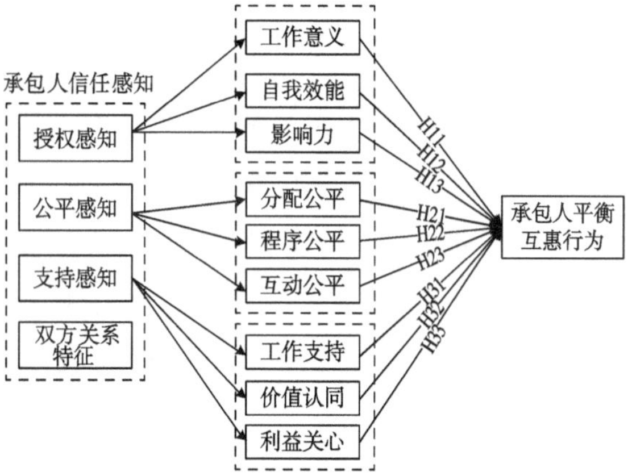

图 8-3　本研究的研究模型

第九章　承包人信任感知与互惠行为实证分析

一、承包人的基础数据收集与处理

（一）数据来源

在调查对象上，本篇内容重点关注于承包人信任感知对其自身互惠行为的影响，因此主要集中在基础设施建设项目施工单位的边界管理人员，为保证研究的严谨，研究小组向具有丰富工作经验的在职边界管理人员（项目经理、商务经理、生产经理）发放问卷。问卷收集的时间为 2019 年 10 ~ 11 月，历时将近 1 个月。

本研究在大样本测试中采用发放电子问卷的形式，借助“问卷星”等软件进行问卷收集，选择满足条件的被测者单独发放网络问卷并进行回收，同时告知被测试者本调查不记名，不会透露任何有关测试者的私人信息，以明确调查目的和结果的保密性，一共回收问卷 350 份，最后对选项呈明显“Z”分布以及连续多个问题答案相同的数据进行删除，剔除答案相同项过多或填写不完整的无效问卷。为提高数据的有效性，对问卷中答题时间低于 1 分钟，有明显随意答题倾向的进行删除，共收集有效问卷 327 份，有效回收率为 93.4%。

（二）样本特征分析

样本特征汇总如表 9-1 所示。

表 9-1　样本特征表

基本信息	选项	频数	比例 / %	累计占比 / %
性别	男	269	82.26	82.26
	女	58	17.74	100
年龄	18 ~ 25 岁	17	5.20	5.20
	26 ~ 30 岁	116	35.47	40.67
	31 ~ 40 岁	138	42.20	82.87
	41 岁及以上	56	17.13	100
受教育程度	本科以下	28	8.56	8.56
	本科	246	75.23	83.79
	硕士及以上	53	16.21	100
职位	项目经理	132	40.37	40.37
	商务经理	76	23.24	63.61
	生产经理	52	15.90	79.51
	其他	67	20.49	100
工作年限	1 年以下	7	2.14	2.14
	1 ~ 3 年	66	20.18	22.32
	5 ~ 10 年	198	60.55	82.87
	10 年以上	56	17.13	100
企业性质	央企	41	12.54	12.54
	国企	162	49.54	62.08
	民企	124	37.92	100
项目规模	≤ 3 000 万元	86	26.30	26.30
	3 000 万元 ~ 1 亿元	70	21.41	47.71
	1 亿元 ~ 2 亿元	59	18.04	65.74
	2 亿元以上	112	34.25	100

就样本的性别而言，男性 269 人，占 82.26%；女性 58 人，占 17.74%。被试者中男性的数量比女性的数量要多，就掌握的实际情况来看，目前工程企业中的男性员工数量确实多于女性，基本符合整体的特征。

就样本的年龄分布而言，18 ~ 25 岁 17 人，占 5.20%；26 ~ 30 岁 116 人，占 35.47%；31 ~ 40 岁 138 人，占 42.20%；41 岁及以上 56 人，占 17.13%。可以看出

26 ~ 30 岁和 31 ~ 40 岁的企业人员占较大比重。

从受教育程度来看，本科以下学历 28 人，占 8.56%；本科 246 人，占 75.23%；硕士及以上学历 53 人，占 16.21%。可以看出目前工程领域企业中还是本科学历占比重最大，同以往相比学历有渐高的趋势。

就管理人员职位而言，项目经理 132 人，占 40.37%；商务经理 76 人，占 23.24%；生产经理 52 人，占 15.90%；其他 67 人，占 20.49%。

就企业性质来看，央企员工 41 人，占 12.54%；地方国企员工 162 人，占 49.54%；民营企业员工 124 人，占 37.92%。

就项目规模而言，不超过 3 000 万元群组 86 人，占 26.30%；3 000 万元 ~ 1 亿元群组 70 人，占 21.41%；1 亿元 ~ 2 亿元群组 59 人，占 18.04%；2 亿元以上群组 112 人，占 34.25%。

（三）研究变量的描述性统计分析

承包人信任感知描述性统计结果如表 9-2 所示，在均值表现方面，信任感知四个维度的均值都超过一般程度 3 分，其中授权感知最高、支持感知和双方关系特征其次、公平感知最低。承包人平衡互惠的均值为 4.08，同样高于一般程度。公平感知与双方关系特征标准差均超过 0.7。从信任感知总量表相关性上来看，各维度都同信任感知整体量表显著相关且均高于 0.7，其中支持感知、公平感知维度同整体的相关性要高于其他两维度。互惠行为与信任感知相关系数为 0.569，承包人信任感知与其自身互惠行为显著正相关。

表 9-2　承包人信任感知描述性统计结果

项目	SQ	GP	ZC	GX	XG	RB
均值	4.00	3.80	3.82	3.82	3.86	4.08
标准差	0.53	0.72	0.69	0.71	0.57	0.523
同信任感知量表相关系数	0.763	0.907	0.930	0.856	1	0.569

通过对上述描述性指标的分析，可以初步得出以下结论：

（1）承包人信任感知量表与承包人互惠行为量表的均值超过一般程度，说明承包人信任感知整体程度较高，而承包人在感知到发包人信任之后产生的互惠行为程度也较高，但两者都存在提升空间。

（2）在信任感知维度中公平感知的均值最低，说明发包人更应注重双方合作过程的公平度，以提升承包人的公平感知。

（3）标准差表示数据的离散程度，其中公平感知与双方关系特征标准差超过 0.7，说明公平感知、双方关系特征两组数据的差异程度较大。

（4）信任感知各维度与信任感知整体量表均显著相关，其中支持感知、公平感知维度同整体的相关性要高于其他两维度，即这两个维度与授权感知、双方关系特征相比能够更好地解释承包人的信任感知。

（5）互惠行为与信任感知量表的相关系数为 0.569，表示承包人信任感知能够显著正向影响承包人平衡互惠行为。

综上，工程项目环境中承包人信任感知、承包人互惠行为程度都高于一般水平，但在公平、双方关系两方面仍不够重视，整体存在提升空间。以上结论均为本书总假设提供了初步支撑，承包人信任感知与其自身互惠行为显著正相关得到了验证。因此，下述将对承包人信任感知各个维度的假设进行分项验证。

二、承包人信任感知四个维度下的假设检验

（一）信任感知及各维度对互惠行为的影响

通过计算皮尔逊（Person）简单相关系数分析承包人互惠行为与其自身互惠行为间的相关关系。r 表示相关系数，当 $r=0$ 时，表示两个变量不相关；当 $0 < |r| \leq 0.4$ 时，表明两个变量的相关性较低；当 $0.4 < |r| \leq 0.7$ 时，表明两个变量中度相关；当 $0.7 < |r| < 1$ 时，表明两个变量高度相关；当 $|r| =1$ 时，表明两个变量完全相关。

从表 9–3 可以看出，承包人平衡互惠行为与承包人信任感知及授权感知、公平感知、支持感知、双方关系特征 4 个维度均呈正相关，相关系数分别是 0.633^{**}、0.382^{**}、0.474^{**}、0.360^{**}、0.569^{**}，其中信任感知与其四个维度的系数均介于 0.3 ~ 0.7 之间，说明分别与承包人平衡互惠行为中度相关。分析得出承包人信任感知与其平

表 9-3　信任感知及其各维度与承包人互惠行为相关性

		SSQ	SGP	SZC	SGX	SXG	SRB
SSQ	Pearson 相关性	1	0.406**	0.511**	0.461**	0.729**	0.633**
	显著性（双侧）		0.003	0.000	0.001	0.000	0.000
SGP	Pearson 相关性	0.406**	1	0.791**	0.757**	0.883**	0.382**
	显著性（双侧）	0.003		0.000	0.000	0.000	0.005
SZC	Pearson 相关性	0.511**	0.791**	1	0.766**	0.912**	0.474**
	显著性（双侧）	0.000	0.000		0.000	0.000	0.000
SGX	Pearson 相关性	0.461**	0.757**	0.766**	1	0.831**	0.360**
	显著性（双侧）	0.001	0.000	0.000		0.000	0.009
SXG	Pearson 相关性	0.729**	0.883**	0.912**	0.831**	1	0.569**
	显著性（双侧）	0.000	0.000	0.000	0.000		0.000
SRB	Pearson 相关性	0.633**	0.382**	0.474**	0.360**	0.569**	1
	显著性（双侧）	0.000	0.005	0.000	0.009	0.000	

注：** 表示在 0.01 水平（双侧）上显著相关。

衡互惠行为呈现显著正相关，其中授权感知与承包人平衡互惠相关度最高，双方关系特征与承包人平衡互惠相关度最低。

表 9-4 为授权感知、公平感知及其支持感知各项分维度与承包人平衡互惠行为的相关性检验。

由表 9-4 可知，授权感知包括工作意义、自我效能及影响力三个分维度，分别与承包人平衡互惠行为的相关系数为 0.482**、0.673** 和 0.374**，表示分别与承包人平衡互惠行为显著正向相关，其中自我效能与承包人平衡互惠行为相关度最高。

公平感知包括分配公平、程序公平及互动公平三个分维度，其中互动公平是与承包人平衡互惠行为相关度最高的分维度，相关系数为 0.470**，分配公平、程序公平的相关系数分别为 0.447** 和 0.336*，以上均与承包人平衡互惠行为显著正相关。

支持感知包括工作支持、价值认同及利益关心三个分维度，分别与承包人平衡互惠行为的相关系数为 0.471**、0.459** 和 0.346*，表示分别与承包人平衡互惠行为正向显著相关，其中工作支持与承包人平衡互惠行为相关度最高。

表 9–4 各项分维度与承包人互惠行为相关性

		ME	CO	IM	FP	CX	HD	GZ	JZ	LY	SXG	SRB
ME	Pearson 相关性	1	0.620**	0.377**	0.212	0.124	0.279*	0.251	0.177	0.258	0.513**	0.482**
	显著性（双侧）		0.000	0.006	0.131	0.380	0.045	0.072	0.210	0.065	0.000	0.000
CO	Pearson 相关性	0.620**	1	0.484**	0.258	0.166	0.320*	0.430**	0.359**	0.274*	0.568**	0.673**
	显著性（双侧）	0.000		0.000	0.065	0.241	0.021	0.001	0.009	0.050	0.000	0.000
IM	Pearson 相关性	0.377**	0.484**	1	0.580**	0.592**	0.589**	0.621**	0.758**	0.693**	0.813**	0.374**
	显著性（双侧）	0.006	0.000		0.000	0.000	0.000	0.000	0.000	0.000	0.000	0.006
FP	Pearson 相关性	0.212	0.258	0.580**	1	0.685**	0.606**	0.488**	0.481**	0.569**	0.711**	0.447**
	显著性（双侧）	0.131	0.065	0.000		0.000	0.000	0.000	0.000	0.000	0.000	0.001
CX	Pearson 相关性	0.124	0.166	0.592**	0.685**	1	0.767**	0.589**	0.684**	0.743**	0.802**	0.336*
	显著性（双侧）	0.380	0.241	0.000	0.000		0.000	0.000	0.000	0.000	0.000	0.015
HD	Pearson 相关性	0.279*	0.320*	0.589**	0.606**	0.767**	1	0.805**	0.762**	0.723**	0.865**	0.470**
	显著性（双侧）	0.045	0.021	0.000	0.000	0.000		0.000	0.000	0.000	0.000	0.000
GZ	Pearson 相关性	0.251	0.430**	0.621**	0.488**	0.589**	0.805**	1	0.761**	0.708**	0.825**	0.471**
	显著性（双侧）	0.072	0.001	0.000	0.000	0.000	0.000		0.000	0.000	0.000	0.000
JZ	Pearson 相关性	0.177	0.359**	0.758**	0.481**	0.684**	0.762**	0.761**	1	0.721**	0.825**	0.459**
	显著性（双侧）	0.210	0.009	0.000	0.000	0.000	0.000	0.000		0.000	0.000	0.001
LY	Pearson 相关性	0.258	0.274*	0.693**	0.569**	0.743**	0.723**	0.708**	0.721**	1	0.832**	0.346*
	显著性（双侧）	0.065	0.050	0.000	0.000	0.000	0.000	0.000	0.000		0.000	0.012
SXG	Pearson 相关性	0.513**	0.568**	0.813**	0.711**	0.802**	0.865**	0.825**	0.825**	0.832**	1	0.569**
	显著性（双侧）	0.000	0.000	0.000	0.000	0.000	0.000	0.000	0.000	0.000		0.000
SRB	Pearson 相关性	0.482**	0.673**	0.374**	0.247	0.336*	0.470**	0.471**	0.459**	0.346*	0.569**	1
	显著性（双侧）	0.000	0.000	0.006	0.077	0.015	0.000	0.000	0.001	0.012	0.000	

注：1. ** 表示在 0.01 水平（双侧）上显著相关。
2. * 表示在 0.05 水平（双侧）上显著相关。

（二）信任感知对不同项目阶段互惠行为的影响

表 9–5 为承包人信任感知与合同谈判 / 签订、建设 / 履约、变更及支付结算四个阶段承包人平衡互惠行为的相关性分析。

表 9–5　信任感知与不同阶段承包人互惠行为相关性

		SXG	ORB	TRB	RRB	FRB	SRB
SSQ	Pearson 相关性	0.729**	0.519**	0.600**	0.543**	0.640**	0.633**
	显著性（双侧）	0.000	0.000	0.000	0.000	0.000	0.000
SGP	Pearson 相关性	0.883**	0.524**	0.401**	0.097	0.307*	0.392**
	显著性（双侧）	0.000	0.000	0.003	0.496	0.029	0.005
SZC	Pearson 相关性	0.912**	0.468**	0.458**	0.182	0.351*	0.474**
	显著性（双侧）	0.000	0.000	0.001	0.196	0.011	0.000
SGX	Pearson 相关性	0.831**	0.472**	0.383**	0.115	0.291*	0.360**
	显著性（双侧）	0.000	0.000	0.005	0.416	0.037	0.009
SXG	Pearson 相关性	1	0.593**	0.562**	0.337*	0.471**	0.569**
	显著性（双侧）		0.000	0.000	0.015	0.000	0.000
ORB	Pearson 相关性	0.593**	1	0.762**	0.632**	0.729**	0.893**
	显著性（双侧）	0.000		0.000	0.000	0.000	0.000
TRB	Pearson 相关性	0.562**	0.762**	1	0.794**	0.780**	0.940**
	显著性（双侧）	0.000	0.000		0.000	0.000	0.000
RRB	Pearson 相关性	0.337*	0.632**	0.794**	1	0.796**	0.865**
	显著性（双侧）	0.015	0.000	0.000		0.000	0.000
FRB	Pearson 相关性	0.471**	0.729**	0.780**	0.796**	1	0.894**
	显著性（双侧）	0.000	0.000	0.000	0.000		0.000
SRB	Pearson 相关性	0.569**	0.893**	0.940**	0.865**	0.894**	1
	显著性（双侧）	0.000	0.000	0.000	0.000	0.000	

注：1. ** 表示 在 0.01 水平（双侧）上显著相关。
　　2. * 表示在 0.05 水平（双侧）上显著相关。

分析得出承包人信任感知分别与四个阶段承包人平衡互惠行为显著正相关，其中信任感知对合同签订 / 谈判阶段的互惠行为相关度最高，对变更阶段的互惠行为相关度最低。

（1）合同谈判 / 签订阶段 。

承包人信任感知与合同谈判 / 签订阶段的承包人平衡互惠行为呈正相关，相关系数是 0.593**，其中授权感知、公平感知、支持感知、双方关系特征与合同谈判 / 签订阶段的承包人平衡互惠行为均呈正相关，相关系数分别是 0.519**、0.524**、0.468** 和 0.472**，均介于 0.472 ~ 0.593 之间，表示信任感知及其各维度与合同谈判 / 签订阶段的承包人平衡互惠行为之间均呈中度相关。

（2）建设 / 履约阶段。

承包人信任感知与建设 / 履约阶段的承包人平衡互惠行为呈正相关，相关系数为 0.562**，其中授权感知、公平感知、支持感知及双方关系特征与建设 / 履约阶段的承包人平衡互惠行为均呈正相关，相关系数分别是 0.600**、0.401**、0.458** 和 0.383**，均介于 0.383 ~ 0.600 之间，说明上述变量与建设 / 履约阶段的承包人平衡互惠行为之间均呈中度相关。

（3）变更阶段。

承包人信任感知与变更阶段的承包人平衡互惠行为相关系数为 0.337*，表明信任感知与变更阶段的承包人平衡互惠行为之间呈中度相关。其中授权感知与承包人平衡互惠行为的相关系数为 0.543**，即授权感知与变更阶段的承包人平衡互惠行为之间呈中度相关。而支持感知、公平感知及双方关系特征的相关系数均未表现显著性，表示分别与变更阶段的承包人平衡互惠行为无明显相关关系。

（4）支付结算阶段。

承包人信任感知与支付结算阶段的承包人平衡互惠行为呈正相关，相关系数为 0.471**，表示与支付结算阶段的承包人平衡互惠行为呈中度相关。其中授权感知、公平感知、支持感知、双方关系特征与支付结算阶段承包人平衡互惠行为的相关系数分别是 0.640**、0.307*、0.351*、0.291*，说明授权感知、支持感知与支付结算阶段的承包人平衡互惠行为均呈中度正相关，而公平感知、双方关系特征与支付结算阶段的承包人平衡互惠行为相关度较低。

（三）承包人信任感知各维度同平衡互惠行为的因果关系分析

上述关于各研究变量的相关分析只能证明两变量之间是否存在相关关系以及关

系的程度大小，并不能说明变量之间存在的因果关系。回归分析则是表明各因素之间存在什么样的因果关系。

通过上一部分的研究已经知道，本研究理论构思所涉及的两个变量之间存在显著的相关关系。在本章节的研究分析中，将采用线性回归的方法，进一步分析这些因素之间的因果关系，解释承包人信任感知各维度同承包人平衡互惠行为之间的关系。

（1）授权感知与承包人平衡互惠行为的回归分析。

表 9–6 为授权感知及其各维度与承包人平衡互惠行为的回归分析汇总表，此部分将授权感知、工作意义、自我效能及影响力分别作为自变量，将承包人的平衡互惠行为作为因变量进行回归分析。

表 9–6　授权感知及其各维度与承包人平衡互惠行为回归分析汇总表

模型		非标准化系数		标准系数	*t*	Sig.	共线性统计量	
		B	标准误差	试用版			容差	*VIF*
1	（常量）	17.267	1.981		8.716	0.014		
	SSQ	0.876	0.054	0.633	16.092	0.000	1.000	1.000
2	（常量）	27.757	5.618		4.941	0.000		
	ME	1.700	0.437	0.482	3.887	0.000	1.000	1.000
3	（常量）	13.094	5.689		2.302	0.000		
	CO	2.800	0.436	0.673	6.426	0.000	1.000	1.000
4	（常量）	37.819	4.149		9.115	0.000		
	IM	1.164	0.408	0.374	2.848	0.006	1.000	1.000

注：*B*—偏回归系数；*t*—回归系数检验的 *t* 统计量观察值；Sig.—相应的概率 *p* 值；*VIF*—方差膨胀因子，后表均同。

如表 9–6 所示，无论是常数项还是授权感知，其检验对应的 Sig. 值小于显著性水平 0.05，即 0.05 的显著性水平下通过了 *t* 检验，说明授权感知能对承包人平衡互惠行为产生显著正向影响，假设 1 成立。其维度工作意义、自我效能及影响力的 Sig. 值均小于显著性水平 0.05，即 0.05 的显著性水平下通过了 *t* 检验，分别对承包人平衡互惠行为产生显著正向影响，说明假设 1a、假设 1b、假设 1c 成立。

（2）公平感知与承包人平衡互惠行为的回归分析。

表 9–7 为公平感知及其各维度与承包人平衡互惠行为的回归分析汇总表，此

部分将公平感知及其分维度作为自变量，将承包人的平衡互惠行为作为因变量进行回归分析。

表 9–7 公平感知及其各维度与承包人平衡互惠行为回归分析汇总表

模型		非标准化系数		标准系数	*t*	Sig.	共线性统计量	
		B	标准误差	试用版			容差	*VIF*
1	（常量）	38.744	3.744		10.384	0.000		
	SGP	0.307	0.105	0.382	2.924	0.005	1.000	1.000
2	（常量）	42.232	4.039		10.457	0.000		
	FP	1.106	0.613	0.447	1.805	0.001	1.000	1.000
3	（常量）	42.833	2.766		15.487	0.000		
	CX	1.143	0.454	0.336	2.519	0.015	1.000	1.000
4	（常量）	35.704	3.740		9.546	0.000		
	HD	1.317	0.350	0.470	3.761	0.000	1.000	1.000

如表 9–7 所示，无论是常数项还是公平感知及其维度，其检验对应的 Sig. 值均小于显著性水平 0.05，即 0.05 的显著性水平下通过了 *t* 检验，说明公平感知能够正向影响承包人的平衡互惠行为，假设 2 成立。其维度分配公平、程序公平、互动公平三个维度均对承包人的平衡互惠行为产生显著的正向影响，说明假设 2a、假设 2b、假设 2c 成立。

（3）支持感知与承包人平衡互惠行为的回归分析。

表 9–8 为支持感知及其各维度与承包人平衡互惠行为的回归分析汇总表，此部分将支持感知、工作支持、价值认同以及利益关心分别作为自变量，将承包人的平衡互惠行为作为因变量进行回归分析。

表 9–8 支持感知及其各维度与承包人平衡互惠行为回归分析汇总表

模型		非标准化系数		标准系数	*t*	Sig.	共线性统计量	
		B	标准误差	试用版			容差	*VIF*
1	（常量）	33.134	4.348		7.621	0.000		
	SZC	0.421	0.110	0.474	3.809	0.000	1.000	1.000

续表 9-8

模型		非标准化系数		标准系数	t	Sig.	共线性统计量	
		B	标准误差	试用版			容差	VIF
2	（常量）	35.535	3.771		9.424	0.000		
	GZ	2.006	0.532	0.471	3.774	0.000	1.000	1.000
3	（常量）	32.233	4.772		6.755	0.000		
	JZ	2.243	0.615	0.459	3.648	0.001	1.000	1.000
4	（常量）	40.283	3.605		11.175	0.000		
	LY	0.946	0.363	0.346	2.604	0.012	1.000	1.000

如表 9-8 所示，无论是支持感知及其维度还是常数项，其检验对应的 Sig. 值均小于显著性水平 0.05，即 0.05 的显著性水平下通过了 t 检验，说明支持感知对承包人的平衡互惠行为产生显著的正向影响，说明假设 3 成立。其维度工作支持、价值认同以及利益关心均对承包人的平衡互惠行为产生显著的正向影响，说明假设 3a、假设 3b、假设 3c 成立。

（4）双方关系特征与承包人平衡互惠行为的回归分析。

表 9-9 为双方关系特征与承包人平衡互惠行为的回归分析汇总表，此部分将双方关系特征作为自变量，将承包人的平衡互惠行为作为因变量进行回归分析。

表 9-9 双方关系特征与承包人平衡互惠行为回归分析汇总表

模型	非标准化系数		标准系数	t	Sig.	共线性统计量	
	B	标准误差	试用版			容差	VIF
（常量）	37.852	4.308		8.786	0.000		
SGX	0.807 9	0.322	0.360	2.729	0.009	1.000	1.000

如表 9-9 所示，无论是常数项还是双方关系特征，其检验对应的 Sig. 值均小于显著性水平 0.05，即 0.05 的显著性水平下通过了 t 检验，说明双方关系特征对承包人的平衡互惠行为产生显著的正向影响，说明假设 4 成立。

综上所述，本研究的假设检验结果如表 9-10 所示。

表 9–10　假设检验结果

假设	内　容	检验结果
假设 1	授权感知对承包人平衡互惠行为有显著的正向影响	成立
假设 1a	工作意义对承包人平衡互惠行为有显著的正向影响	成立
假设 1b	自我效能对承包人平衡互惠行为有显著的正向影响	成立
假设 1c	影响力对承包人平衡互惠行为有显著的正向影响	成立
假设 2	公平感知对承包人平衡互惠行为有显著的正向影响	成立
假设 2a	分配公平对承包人平衡互惠行为有显著的正向影响	成立
假设 2b	程序公平对承包人平衡互惠行为有显著的正向影响	成立
假设 2c	互动公平对承包人平衡互惠行为有显著的正向影响	成立
假设 3	支持感知对承包人平衡互惠行为有显著的正向影响	成立
假设 3a	工作支持对承包人平衡互惠行为有显著的正向影响	成立
假设 3b	价值认同对承包人平衡互惠行为有显著的正向影响	成立
假设 3c	利益关心对承包人平衡互惠行为有显著的正向影响	成立
假设 4	双方关系特征对承包人平衡互惠行为有显著的正向影响	成立

如表 9–10 所示，本研究有授权感知及其各维度、公平感知及其各维度、支持感知及其各维度、双方关系特征对承包人平衡互惠行为显著正向影响的研究假设，共 13 个，通过实证研究，验证了上述 13 项假设均成立。

三、多重视角下组织学特征的变量差异性分析

（一）企业类型在研究变量上的差异性分析

将企业类型作为自变量，对信任感知与互惠行为做单因素方差分析，研究不同单位类型在各变量上是否存在显著性差异。单因素方差分析的方差同质性检验结果如表 9–11 所示，就“信任感知”而言，方差同质性检验的 Levene 统计量的 F 值为 21.438，$p=0.000<0.05$，达到显著水平，表示违反方差同质性假定。同理，互惠行为同样违反了方差同质性假定。因此本研究采用方差异质的事后比较检验法。

表 9–11　不同企业类型的方差齐性检验

	Levene 统计量	df1	df2	显著性
信任感知	21.438	2	324	0.000
互惠行为	16.163	2	324	0.000

如表 9–12 所示，在信任感知、互惠行为两个因变量上，整体检验的 F 值分别为 8.454（p=0.000<0.05）和 36.040（p=0.000<0.05），均达到显著水平，表示不同企业类型的承包人在信任感知、互惠行为间均有显著差异存在。

表 9–12　企业类型的差异性分析

		SS	df	MS	F	显著性
信任感知	组间	4 438.849	2	2 219.424	8.454	0.000
	组内	85 054.588	324	262.514		
	总数	89 493.437	326			
互惠行为	组间	3 803.388	2	1 901.694	36.040	0.000
	组内	17 096.306	324	52.766		
	总数	20 899.694	326			

表 9–13 为信任感知、互惠行为两因变量关于不同企业类型的多重比较分析。

表 9–13　不同企业类型的多重比较

因变量	工作单位的性质（I）	工作单位的性质（J）	均值差（I–J）	标准误差	显著性	95% 置信区间	
						下限	上限
信任感知	央企	国企	1.518	2.228	0.775	–3.77	6.80
		民企	–12.092*	4.933	0.049	–24.14	–0.05
	国企	央企	–1.518	2.228	0.775	–6.80	3.77
		民企	–13.610*	4.600	0.016	–24.98	–2.24
	民企	央企	12.092*	4.933	0.049	0.05	24.14
		国企	13.610*	4.600	0.016	2.24	24.98

续表 9-13

因变量	工作单位的性质（I）	工作单位的性质（J）	均值差（I-J）	标准误差	显著性	95% 置信区间	
						下限	上限
互惠行为	央企	国企	6.652*	0.810	0.000	4.74	8.56
		民企	−1.851	0.866	0.090	−3.92	0.22
	国企	央企	−6.652*	0.810	0.000	−8.56	−4.74
		民企	−8.502*	0.852	0.000	−10.54	−6.47
	民企	央企	1.851	0.866	0.090	−0.22	3.92
		国企	8.502*	0.852	0.000	6.47	10.54

由多重比较分析可知：①就信任感知而言，民营企业组群体显著高于地方国企组群体和央企组群体，而地方国企组群体与央企组群体没有显著性差异。②就互惠行为而言，民营企业组群体同样处于最高水平，但与央企组群体没有显著性差异，而央企组群体显著高于国企组群体。

（二）项目规模在研究变量上的差异性分析

同上，最终项目规模在研究变量上的差异性分析如表 9–14 所示。

表 9–14　项目规模的差异性分析

		平方和	df	均方	F	显著性
SXG	组间	24 298.525	3	8 099.508	17.650	0.000
	组内	88 565.495	193	458.889		
	总数	112 864.020	196			
SRB	组间	3 549.414	3	1 183.138	14.285	0.000
	组内	15 984.566	193	82.822		
	总数	19 533.980	196			

信任感知与互惠行为的显著性 p 均小于 0.05，表示不同项目规模的承包人在信任感知与互惠行为方面均存在显著性差异。因此分别对承包人信任感知与承包人互惠行为进行事后比较分析，如表 9–15 所示。

表 9-15　不同项目规模的多重比较

因变量	项目单项工程投资额（I）	项目单项工程投资额（J）	均值差（I–J）	标准误	显著性	95% 置信区间	
						下限	上限
SXG	≤ 3 000 万元	3 000 万元 ~ 1 亿元	−29.917*	4.373	0.000	−38.54	−21.29
		1 亿元 ~ 2 亿元	−22.667*	5.226	0.000	−32.97	−12.36
		2 亿元以上	−25.202*	4.170	0.000	−33.43	−16.98
	3 000 万元 ~ 1 亿元	≤ 3 000 万元	29.917*	4.373	0.000	21.29	38.54
		1 亿元 ~ 2 亿元	2.535	4.780	0.596	−6.89	11.96
		2 亿元以上	7.250	4.958	0.145	−2.53	17.03
	1 亿元 ~ 2 亿元	≤ 3 000 万元	22.667*	5.226	0.000	12.36	32.97
		3 000 万元 ~ 1 亿元	−2.535	4.780	0.596	−11.96	6.89
		2 亿元以上	−4.715	3.829	0.220	−12.27	2.84
	2 亿元以上	≤ 3 000 万元	25.202*	4.170	0.000	16.98	33.43
		3 000 万元 ~ 1 亿元	−7.250	4.958	0.145	−17.03	2.53
		1 亿元 ~ 2 亿元	4.715	3.829	0.220	−2.84	12.27
SRB	≤ 3 000 万元	3 000 万元 ~ 1 亿元	−11.917*	1.858	0.000	−15.58	−8.25
		1 亿元 ~ 2 亿元	−4.667*	2.220	0.037	−9.05	−0.29
		2 亿元以上	−7.286*	1.772	0.000	−10.78	−3.79
	3 000 万元 ~ 1 亿元	≤ 3 000 万元	11.917*	1.858	0.000	8.25	15.58
		1 亿元 ~ 2 亿元	2.620	2.031	0.199	−1.39	6.63
		2 亿元以上	4.630	1.626	0.005	1.42	7.84
	1 亿元 ~ 2 亿元	≤ 3 000 万元	4.667*	2.220	0.037	0.29	−1.42
		3 000 万元 ~ 1 亿元	−2.620	2.031	0.199	−6.63	1.39
		2 亿元以上	−7.250	2.106	0.001	−11.40	−3.10
	2 亿元以上	≤ 3 000 万元	7.286*	1.772	0.000	3.79	10.78
		3 000 万元 ~ 1 亿元	−4.630	1.626	0.005	−7.84	−1.42
		1 亿元 ~ 2 亿元	7.250*	2.106	0.001	3.10	11.40

由多重比较分析可知：①就信任感知而言，单项工程投资额不超过 3 000 万元的分别与其他群组具有显著性差异，而其他群组均无显著性差异。②就互惠行为而言，工程投资额不超过 3 000 万元的分别与其他群组具有显著性差异，2 亿元以上的群组显著高于 1 亿元 ~ 2 亿元群组。

（三）职位在研究变量上的差异性分析

同上，最终职位在研究变量上的差异性分析如表 9–16 所示。

表 9–16　不同职位的差异性分析

		平方和	df	均方	F	显著性
信任感知	组间	160.887	2	80.443	0.292	0.747
	组内	89 332.551	324	275.718		
	总数	89 493.437	326			
互惠行为	组间	1 311.088	2	655.544	10.843	0.000
	组内	19 588.606	324	60.459		
	总数	20 899.694	326			

信任感知的显著性 p=0.747>0.05，表示不同职位的承包人在信任感知方面不存在显著性差异。互惠行为的显著性 p=0.000<0.05，表示不同职位的承包人在互惠行为方面存在显著性差异。因此只对承包人互惠行为进行事后比较分析，如表 9–17 所示。

表 9–17　不同职位的多重比较

因变量	职位（I）	职位（J）	均值差（I–J）	标准误	显著性	95% 置信区间	
						下限	上限
互惠行为	项目经理	生产经理	5.687*	1.433	0.001	2.26	9.12
		商务经理	2.771*	0.890	0.006	0.67	4.87
	生产经理	项目经理	–5.687*	1.433	0.001	–9.12	–2.26
		商务经理	–2.916	1.485	0.128	–6.46	0.63
	商务经理	项目经理	–2.771*	0.890	0.006	–4.87	–0.67
		生产经理	2.916	1.485	0.128	–0.63	6.46

由多重比较分析可知：①就信任感知而言，项目经理、生产经理及商务经理均不存在显著性差异。②就互惠行为因变量而言，项目经理群组显著高于生产经理与商务经理组群体，生产经理与商务经理之间并无显著性差异。

四、研究结果分析

前文数据显示，承包人信任感知对自身平衡互惠行为具有显著正向影响，即承包人感知到发包人信任的程度越高，其自身的平衡互惠行为也相应较高。这一发现与现有研究中信任感知能够影响承包人行为的结论[13，44]相契合，而本研究的创新之处在于将承包人互惠行为重新界定为“双巨头”博弈下的平衡互惠行为，解释了承包人信任感知及其各维度对承包人平衡互惠行为的影响机理。

基于信任螺旋强化模型，发包人信任 - 承包人信任感知 - 承包人平衡互惠行为是信任关系良性发展的连锁反应，这也就解释了以往研究中发包人信任能够激发承包人行为的原因。同时，证明了发承包双方具有互惠偏好特征，为验证社会偏好假设的存在做了基础性工作。总之，当承包人感知到发包人施予的初始信任时，承包人的积极行为将会增多，有利于发承包双方信任关系的建立。本篇具体研究结论如下：

（一）研究变量的描述性统计结果分析

通过描述性指标分析发现承包人信任感知量表与承包人互惠行为量表的均值都超过一般程度，信任感知维度中公平感知均值最低、授权感知均值最高。这说明目前工程项目环境中承包人信任感知、承包人互惠行为程度均高于一般水平但仍存在提升空间。

就承包人公平感知而言其均值最低，说明工程实践中发包人给予承包人的公平度较低，而这一现象的产生主要是由于工程行业的特殊性质，承包人在产业链中处于弱势地位，因此发承包双方不对等、不公平的现象在工程项目领域普遍存在。而近年来新兴的大标段建设模式中的“双巨头”发承包双方所处的交易地位正在扭转这种失衡的状况，承包人弱势地位的固有印象正在被改变。

有关于授权感知均值较高，主要原因是由于现有工程领域主要以 EPC 模式为导向，即发包人主要负责管理及组织协调，并不会过于严格地控制总承包人，而会在建设工程项目中给予承包人较多的自主权和决策权，这也验证了本研究中承包人授权感知均值最高的数据结果。

（二）信任感知及其四个维度正向影响承包人互惠行为

信任感知的四个维度中，授权感知对承包人互惠行为的影响最为显著，双方关系特征对承包人互惠行为的影响最低。而授权感知中的自我效能、公平感知中的互动公平、支持感知中的工作支持均是各维度中对承包人互惠行为影响最强的分维度。

这一结果显示：现有工程环境下，尊重、平等、共享及自我效能的实现更能影响承包人的平衡互惠行为，这与目前实证研究中大多中介变量相契合。对于承包人而言，在发包人施予初始信任后，承包人也应给予正向的回报行为，开展良好交互，从而有助于项目后续的顺利进行以及项目管理绩效的持续提升。当承包人感知到来自发包人的关怀和平等对待，承包人会产生回报义务感及互惠动机进而表现出积极的互惠行为。若承包人在感知到信任后并未对发包人进行积极回报，发包人则会产生信任怀疑，从而抑制发包人信任的再次发出，甚至导致双方信任关系破裂，使项目不能按时、顺利地完成。

（三）信任感知正向影响不同项目阶段的承包人互惠行为

承包人信任感知分别正向影响四个项目阶段的承包人平衡互惠行为。值得注意的是，信任感知对合同谈判阶段的互惠行为影响最高，对变更阶段的互惠行为影响最低，其中公平感知、支持感知及双方关系特征与变更阶段的承包人互惠行为均无相关关系。

合同谈判与签订是一个相对柔性的过程，谈判过程中人为因素较多，发承包双方的社会偏好特征均已被证实，因此发包人的初始信任对承包人互惠行为的触发较为容易。而变更阶段由于施工规范的存在，承包人必须按照发包人的要求和施工规范进行设计变更，因此变更阶段缺乏相应的弹性。

目前工程项目建设市场中竞争愈发激烈，“低价中标”“保本中标”已经成为部分工程企业的无奈之举，变更阶段的索赔成为承包人获取利润的途径之一，进而导致即使承包人感知到发包人较高的善意，也鲜少在变更阶段回馈互惠行为的结果，同时造成变更阶段整体的互惠行为较低。

（四）多重视角下组织学特征变量差异性结果分析

就企业性质而言，民营企业的信任感知和互惠行为都处于最高水平，由于民营企业较低的社会地位，其更加关注发包人的初始信任度，因此对发包人信任的敏感度和回馈度较高，进而容易做出积极互惠行为。

地方国企的信任感知和互惠行为都处于最低水平，主要是由于国企的社会地位较高，对项目团队的管控相当严格，合同审批程序更加繁琐缺乏灵活性，面对业主的突发性需求不能及时满足，因此国企的信任感知和互惠行为都是最低的。央企的信任感知相对较低，而输出的互惠行为相对较高。央企和国企的企业性质相对类似，且具有更高的社会地位，其规章制度相对健全，承担的社会责任也相对较多，其更多关注的是自身的公司业绩盈利性相对较小，因此它们由于内心自驱力的影响会自觉做出一些积极行为。对于央企与国企而言，构建合理的合作机制，合作过程中保持积极且公平的态度，以此增强信任感知和互惠行为水平，建立良好的信任关系，从而保证项目顺利进行。

就项目规模而言，单项工程投资额不超过 3 000 万元的承包人信任感知及互惠行为显著低于其他群组。当项目规模较小时投资和收益都较低，因此合作双方对其关注度与敏感度就相对较低，进而造成承包人信任感知及互惠行为均较低。

投资规模越大时发包人与承包人退出合作的代价也就越大，进一步加剧了套牢现象[38]，由此双方均不敢轻易破坏已有的信任合作机制。在大标段建设模式中，发承包双方均拥有摧毁对方的资源和能力，其中蕴含的巨大的不确定性也需要双方在达成合作意向中以信任为前提，缔约后双方维持信任并彼此互惠诱发完美履约行为。

本篇小结

本篇基于承包人视角，通过综合量表的开发与设计并进行实证研究及差异性分析，验证了承包人信任感知及其各维度对自身平衡互惠行为正向显著影响的假设，其中授权感知、支持感知、公平感知及双方关系特征四个维度均对互惠行为具有显著的正向影响。信任感知及其各维度分别对合同谈判／签订、建设／履约、变更及支付结算四个阶段承包人平衡互惠行为具有显著正向影响。本篇与前文共同完善了基础设施建设项目中“双巨头”间信任的启动与感知研究，为后文基础设施建设项目组织间信任的跃升奠定了基础。

参考文献

[1] Deng J, Wang K Y. Feeling trusted and loyalty：modeling supervisor-subordinate interaction from a trustee perspective [J]. International employment relations review,2009，15（1）：16–38.

[2] Lester S W,Brower H H. In the eyes of the beholder：The relationship between subordinates' felt trustworthiness and their work attitudes and behaviors [J]. Journal of leadership & organizational studies, 2003，10（2）：17–33.

[3] Salamon S D,Robinson S L. Trust that binds：the impact of collective felt trust on organizational performance [J]. Journal of applied psychology, 2008，93（3）：593–601.

[4] 王雪青，许树生，徐志超. 项目组织中发包人风险分担对承包人行为的影响——承包人信任与被信任感的并行中介作用 [J]. 管理评论，2017，29（5）：131–142.

[5] 蒋卫平，张谦，乐云，何清华. 工程项目中信任的产生与影响——基于承包商方视角 [J]. 西安建筑科技大学学报（自然科学版），2012，44（01）：97–102.

[6] 周培，赵国杰，尹贻林. 信任趋同及信任感知差异对风险分担的影响——基于组织间信任的探索 [J]. 软科学，2015，29（9）：127–130.

[7] Brower H H, Schoorman F D，Tan H H. A model of relational leadership：the integration of trust and leader-member exchange [J]. The leadership quarterly, 2000，11（2）：227–250.

[8] Lee M, Koh J. Is empowerment really a new concept? [J]. International journal of human resource management, 2001，12（4）：684–695.

[9] Spreitzer G M, Kizilos M A，Nason S W. A dimensional analysis of the relationship between psychological empowerment and effectiveness satisfaction, and strain [J]. Journal of management, 1997，23（5）：679–704.

［10］陈奕林，尹贻林．基于信任的合同柔性改善项目管理绩效研究［J］．科研管理，2019，40（3）：197–208.

［11］严玲，江静，郭亮，阳涛．合同补偿中公平感知对承包人履约行为影响的实证研究［J］．管理学报，2018，15（5）：660–668.

［12］王亦虹，黄路路，任晓晨．变革型领导与建筑工人安全行为——组织公平的中介作用［J］．土木工程与管理学报，2017，34（03）：33–38+44.

［13］Colquitt J A. On the dimensionality of organizational justice：a construct validation of a measure［J］. Journal of applied psychology, 2001，86（3）：386–400.

［14］Tyler T R. Psychological models of the justice motive：antecedents of distributive and procedural justice［J］. Journal of personality and social psychology, 1994，67（5）：850.

［15］Kottke J L，Sharafinski C E. Measuring perceived supervisory and organizational support［J］. Educational and psychological Measurement, 1988，48（4）：1075–1079.

［16］Dirks K T，Ferrin D L. Trust in leadership: Meta-analytic findings and implications for research and practice［J］. Journal of applied psychology，2002，87（4）：611.

［17］Stingl Hamber F, De Cremer D，Mercken L. Perceived support as a mediator of the relationship between justice and trust［J］. Group & Organization Management, 2006，31（4）：442–468.

［18］凌文辁，杨海军，方俐洛．企业员工的组织支持感［J］．心理学报，2006，（2）：281–287.

［19］Avolio B J, Gardner W L，Walumbwa F O, et al. Unlocking the mask：a look at the process by which authentic leaders impact follower attitudes and behaviors［J］. The leadership quarterly, 2004，15（6）：801–823.

［20］Lam C K, Huang X，Chan S C H. The threshold effect of participative leadership and the role of leader information sharing［J］. Academy of management Journal, 2015，58（3）：836–855.

［21］叶飞，薛运普．关系承诺对信息共享与运营绩效的影响研究［J］. 管理科学，

2012，25（5）：41–51.

［22］Li J, Sikora R，Shaw M J, et al. A strategic analysis of inter organizational information sharing［J］. Decision support systems, 2006，42（1）：251–266.

［23］侯杰泰，成子娟．结构方程模型的应用及分析策略［J］．心理学探新，1999，(01)：54–59.

［24］孙璐，李力，孔英．信息交互能力的测度及其对竞争优势的影响研究：基于用户体验的价值共创视角［J］．管理工程学报，2018，32（2）：67–83.

［25］Hair J F, Black W C, Babin B J, et al. Multivariate data analysis［M］. Upper Saddle River, NJ: Prentice hall, 1998.

［26］Gouldner A W. The norm of reciprocity：a preliminary statement［J］. American sociological review, 1960，25：161–178.

［27］Rabin M. Psychology and economics［J］. Journal of economic literature, 1998，36（1）：11–46.

［28］张同健，蒲勇健．互惠性偏好、隐性知识转化与技术创新能力的相关性研究——基于研发型团队的数据检验［J］．管理评论，2010，22（10）：100–106.

［29］Trivers R L. The evolution of reciprocal altruism［J］. The quarterly review of biology, 1971，46（1）：35–57.

［30］Farh J L, Zhong C B，Organ D W. Organizational citizenship behavior in the People's Republic of China［J］. Organization science, 2004，15（2）：241–253.

［31］Sobel J. Interdependent preferences and reciprocity［J］. Journal of economic literature, 2005，43（2）：392–436.

［32］Gintis H. Strong reciprocity and human sociality［J］. Journal of theoretical biology, 2000, 206（2）：169–179.

［33］Sahlins M. Stone Age Economics［M］. New York：Aldine de Gruyter, 1972.

［34］Wellman, B.（1988），“Structural analysis：from method and metaphor to theory and substance”，in Wellman, B. and Berkowitz, S. D.（Eds），Social Structures：A Network Approach，Cambridge University Press, Cambridge.

［35］凌文铨，李锐，聂婧，等．中国组织情境下上司——下属社会交换的互惠机

制研究——基于对价理论的视角［J］. 管理世界，2019，35（5）：134–148.

［36］Uhl-Bien M, Maslyn J M. Reciprocity in manager-subordinate relationships：components, configurations, and outcomes［J］. Journal of management, 2003，29（4）：511–532.

［37］Coyle-Shapiro J A M, Conway N. Exchange relationships：examining psychological contracts and perceived organizational support［J］. Journal of applied psychology, 2005，90（4）：774.

［38］Smith Jr M L. Reciprocity and social exchange relationships in organizations: Examining why and how individuals contribute to organizational social capital［D］. University of Pittsburgh, 2002.

［39］乐云，张云霞，毛舒芳 . 中国情境下工程招投标中“关系”微观交换模型构建——基于社会交换理论视角［J］. 项目管理技术，2014，12（12）：76–80.

［40］李秉祥，李越，姚冰湜 . 机构投资者互惠行为与企业非效率投资关系研究［J］. 预测，2015，34（3）：40–45.

［41］李双燕，万迪昉 . 互惠对工作要求——工作满意度曲线关系的调节作用［J］. 南开管理评论，2008，11（6）：103–109.

［42］陈梦龙，尹贻林 . 信任调节下柔性合同对承包人履约行为的影响——基于潜调节结构方程的实证研究［J］. 软科学，2019，33（9）：81–86.

［43］Eisinga R, Grotenhuis M, Pelzer B. The reliability of a two-item scale：pearson, cronbach, or spearman-brown?［J］. International journal of public health, 2013, 58（4）：637–642.

［44］Pervan S J, Bove L L, Johnson L W. Reciprocity as a key stabilizing norm of interpersonal marketing relationships：scale development and validation［J］. Industrial marketing management, 2009，38（1）：60–70.

［45］梁平汉，孟涓涓 . 人际关系、间接互惠与信任：一个实验研究［J］. 世界经济，2013，36（12）：90–110.

［46］朱伟民，杨悦，王培杰，陈苗苗 . 从被动到主动——关系型信任及其对企业合作的影响［J］. 技术经济，2022，41（05）：163–175.

［47］Lin H F, Lee H S, Wang D W. Evaluation of factors influencing knowledge sharing based on a fuzzy AHP approach［J］. Journal of information science, 2009,35（1）: 25–44.

［48］王亦虹，任晓晨，尹贻林，等．巨型项目信任互惠行为机理研究框架［J］．工业工程与管理，2018，23（1）：122–134.

［49］张水波，陈俊颖，胡振宇．工程合同对承包方合作行为的影响研究：信任的中介作用［J］．工程管理学报，2015，29（4）：6–11.

［50］王红丽，张筌钧．被信任的代价：员工感知上级信任，角色负荷，工作压力与情绪耗竭的影响关系研究［J］．管理世界，2016（8）：110–125.

［51］周培，赵国杰，尹贻林．信任趋同及信任感知差异对风险分担的影响——基于组织间信任的探索［J］．软科学，2015，29（09）:127–130.

［52］王雪青，许树生，徐志超．项目组织中发包人风险分担对承包人行为的影响——承包人信任与被信任感的并行中介作用［J］．管理评论，2017，29（5）：131–142.

［53］Pervan S J, Bove L L, Johnson L W. Reciprocity as a key stabilizing norm of interpersonal marketing relationships：scale development and validation［J］. Industrial marketing management, 2009，38（1）：60–70.

［54］赵琛徽，陈兰兰，陶敏．服务行业员工资质过剩感知对情绪劳动的影响——组织自尊的中介与心理授权的调节［J］．经济管理，2019，41（1）：89–105.

［55］王伟，于吉萍，张善良．授权型领导对员工隐性知识分享的影响机制——内部人身份感知的中介作用与职场友谊的调节作用［J］．科技进步与对策，2019，36（7）：123–130.

［56］赵书松，张一杰．绩效考核政治对下级创新行为的影响机制研究［J］．管理学报，2019，16（5）：676–685.

［57］Lim B T H, Loosemore M. The effect of inter-organizational justice perceptions on organizational citizenship behaviors inconstruction projects［J］. International journal of project management, 2017，35（2）：95–106.

［58］Lv W X, Li Z, Wang S.The Role of Justice for Cooperation and Contracts

Moderating Effect in Construction Dispute Negotiation [J] . Engineering Construction and Architectural Management, 2017，24（1）：133–153.

[59] Shen Y，Jackson T, Ding C，et al. Linking perceived organizational support with employee work outcomes in a Chinese context: Organizational identification as a mediator [J] . European Management Journal, 2014，32（3）：406–412.

[60] 陈奕林，尹贻林 . 基于信任的合同柔性改善项目管理绩效研究 [J] . 科研管理，2019，40（3）：197–208.

第四篇
组织间信任跃升的实现

量变引发质变。质量互变规律是唯物辩证法的基本规律之一，同样适用于基础设施建设项目信任交互与跃升的过程。信任交互本就是一种博弈，这种多方博弈局面的出现存在先决条件，在满足这些条件的状态下通过控制手段的介入才可能达成信任层级的跃升。本篇给出实践案例佐证现实存在的信任交互与跃升过程，并以基础设施项目各建设主体为出发点，以点拓面，映射至中国制造业产业链、供应链领域，坚持制造业高质量发展目标，大力发展壮大实体经济，以组织间的良性互动助推中国企业在各个领域蓬勃发展。

第十章　基础设施建设项目的信任跃升

一、基础设施建设项目信任跃升的条件

（一）发包人初始信任产生奠定信任跃升的基础

在基础设施建设项目发承包双方初次合作的信任交互中，初始信任影响到后续的信任交互水平，且在组织间的初始信任对合作双方后续信任的演变及行为发展都将产生重要的影响。通过上述研究发现，在初次合作的信任交互中，发承包双方完全没有以往合作的历史，发包人在初期招标阶段选择承包人时，能力因素与声誉因素会成为发包人首要考虑的因素，尤其是在大型复杂的工程项目中。

发包人在面对大型复杂的工程项目时，其自身施工资源的不足成了天然的劣势，寻找一个能弥补施工资源劣势、综合实力较强的施工伙伴，对于完成项目显得至关重要。承包人的能力会给发包人带来信心，增加发包人对其的认同。当承包人具备完成项目建设所需要的能力要求时，能增加发包人对未来的预期。同样，承包人声誉建立在该企业过去行为可靠性与一致性的基础上，是其过去所有表现、历史记录所反映的，是其他方对承包人整体表现多个方面的综合评价。正是因为声誉具有“积累性”与“易碎性”，企业才会更加不遗余力地保持已获得的声誉。

综上所述，在发承包双方第一次合作之前，发包人通过各种渠道对承包人的能力及声誉进行多方了解，进而在比较后选择能力及声誉较为出色的承包人，并且在一轮项目合作结束后，双方实现了互利共赢。发包人对承包人的声誉及能力更加地认可，初始信任处于较高的程度，奠定了坚实的信任跃升的基础，加强了今后其他项目继续合作的可能。

（二）承包人信任感知显著正向影响信任跃升

发包人对承包人施予初始信任时，承包人对发包人这种积极承担风险的意愿产生感觉与认知，进而激励承包人予以回馈互惠行为。信任感知作为初始信任与互惠行为的中介，对项目成功起到极其重要的作用[1]。周培等的研究表明信任感知差异对于风险分担效率具有显著负向影响[2]。本书从组织间视角厘清承包人信任感知维度，分别为授权感知、公平感知、支持感知、信息共享和双方关系特征。

发包人通过愿意冒险行为表现出对承包人的信任，而授权就是冒险的一种形式。在本书的研究中，发包人将一部分决策权分配给承包人，当承包人觉察到授权行为时，则感受到被信任，且授权的任务越重，承包人的信任感知越强，进而回馈更为强烈的互惠行为；公平被认为是信任的前提，发包人通过分配、程序、互动三个方面加强承包人的信任感知；支持感知在公平和信任之间起到中介作用，指承包人感知到发包人重视自己贡献和关心自己福利的程度，进而加强信任感知。

发承包之间信任共享同样会产生多项积极影响且影响组织信任的产生，发承包双方通过较多的信息共享，强化彼此的信任；发承包双方的相似性对承包人信任感知起到了积极的作用，包括文化相似性、利益相似性和价值观相似性。在组织间信任中，承包人通过以上五个维度加强对发包人给予初始信任的信任感知，从而强化自身的互惠行为回馈发包人，进而助力信任跃升的实现。

（三）基于社会偏好的互惠行为实现信任跃升

实验经济学特别是行为博弈分析中发现的大量亲社会行为促使经济学家不满于传统经济学的自利偏好假设，催生了社会偏好理论在委托代理领域和契约理论中的快速发展。具体到工程项目领域中，发承包双方的社会偏好特征已经被证实，社会偏好理论的研究成果为工程项目信任互惠行为的拓展研究提供了新视角。从互惠的角度观察工程项目中发承包双方的行为可以发现，利益相关主体行为体现出从利己主义向利他主义的平滑过渡，并且高水平的信任使得各方更加乐于以积极互惠的态度制定策略。

发包人施予初始信任是期望承包人能够回馈互惠行为，而承包人感知到的信任程度将直接影响承包人互惠行为的产生。在工程项目中发承包双方的合作发生在交换关系中，“双巨头”交易过程中更为关注的是高平等性、高及时性和相互关注的利益性。承包人互惠行为发生在双方交易过程中，且双方对于公平敏感度很高，对于自己付出的利益需要对方及时回报。

综上，在基础设施建设项目的信任交互中，招投标阶段发包人给出初始信任倾向，并在谈判缔约阶段将其注入柔性合同中，由此承包人感知到发包人所给予的初始信任，进而在履约阶段通过合同补偿机制诱致承包人回馈以尽善履约的互惠行为，最终达成发承包双方的合作共赢态势，实现信任的跃升。

二、基础设施建设项目信任跃升的实现过程

（一）发包人将持续性信任注入柔性合同

在工程项目组织中，发包人与承包人之间的交易被习惯性地界定为一种对立的、缺乏效率的委托代理关系，对抗思维普遍存在，制约了项目管理绩效的改善[3]。信任是一个动态演化的过程，包括初始信任和持续性信任[4]。信任的存在可以推进发承包双方设计出一套以合同为依托的有关处理不确定性的柔性规则和程序，当不可预见的事件发生后，发承包双方以柔性合同为基础相互调适，维持双方交易关系并提高交易效率。

当前我国建筑市场是典型的买方市场，业主在合同签订之前处于绝对的优势地位。当“双巨头”完成初次合作后，发包人对承包人了解越深入、掌握的相关信息越多，基于对承包人能力、声誉、风险偏好和经验的判断以及承包人履约阶段的表现，初始信任就越容易转化为持续性信任。而在二次合作中，发包人为降低事前交易成本，在持续性信任的前提下选择初次合作的承包人，提出并签署具备柔性因素的合同条款，设置更多互惠及激励合同条款，促使合同各参与方提高管理绩效水平，实现项目预期目标。现有研究对合同柔性的解构集中于价格柔性、控制权柔性、再谈判柔性三个方面[5-6]。

1. 价格柔性

发包人若对变更价款调整类条款严格控制，对产生的工程量偏差不允许调价，

承包商会因风险分担不合理产生不公平的感觉，可能导致工程中偷工减料、材料以次充好等行为的发生。当发生工程变更、法律变化、物价波动、不可抗力等变化时，合同条款价格柔性给予承包人费用补偿的心理预期，使其积极地应对变化，降低不确定性所带来的风险。

2. 控制权柔性

控制权柔性表现为合同执行过程中，动态调整风险变化后的权力配置，风险的控制权和决策权由最适宜承担的一方来承担。承包人作为项目实施者往往需要承担更多的风险责任，控制权柔性赋予承包人一定的支持，激励承包人积极控制和应对风险。如当前期信息不完备允许承包人延迟决策，或当风险事件突发时承包人无需请示发包人，自行迅速采取合理措施进行应急处置等。

3. 再谈判柔性

在不确定性事件发生后，“双巨头”都希望有更弹性的机制灵活地对初始合同设定的条款进行补充和调整以便在新的交易环境中达到一种平衡。再谈判柔性可以引导双方依据变化来选择应对方式，在兼顾各方利益的前提下完善协调沟通机制，共同对项目中遇到的困难及风险进行合理分担，降低不确定性事件带来的影响。

综上可知，柔性合同的设计对于“双巨头”间信任作用的发挥从而激励承包人互惠行为起着重要的媒介和传递作用。

（二）柔性合同激励下承包人实施互惠行为实现尽善履约

承包人不同的履约方式会形成不同的履约绩效。承包人若仅按照合同字面来履约，只能达到契约条款规定的最低要求的履约绩效。较之承包人字面履约可通过结果观察证明其绩效并进行支付，承包人尽善履约是指缔约后承包人本着契约精神，为项目付出额外努力的绩效行为[7]。而发包人可以通过合同风险分担条款的设计促进承包人的履约行为。

在“双巨头”二次合作中，持续性信任为发承包双方互惠共赢的实现提供了动力支持，发包人倾向于选择基于柔性合同的管理机制，具有社会偏好的承包人感知到发包人能够对未来项目中的不确定性和风险进行合理分担，承包人因被授予更多权力而感知到发包人的信任，履行有利于发包人的行为，实施诸如自愿利他、弥补合同漏洞、主动控制风险、协同互助等有利于项目的互惠行为[7]。

举例来说，自愿利他包括承包人主动承担发包人提出的具有挑战性的任务，投入程度大于合同约定所要求的标准，如有需要主动加班。弥补合同漏洞、主动控制风险体现在承包人以其自身专业和信息的优势往往更容易发现合同中没有约定、约定不明或前后矛盾的条款，当承包人对于合同漏洞及时主动弥补，不仅给项目带来了益处，也能避免和减少自身后期返工和维修费用的支出，间接地提高了自身的收益水平。协同互助指的是承包人帮助各参与方进行项目协调的管理工作等行为。承包人在柔性合同激励下做出一系列互惠行为，为项目做出额外努力，使其履约程度高于字面履约达到尽善履约，实现“双巨头”合作双赢的战略目标。

（三）履约状态发包人补偿行为探析

社会偏好理论指出，当施信方传递出善意的信号，受信方在感知到相应信息后，可能会采取积极的合作行为，用于回馈施信方的期望。在基础设施建设项目中，发承包双方普遍面临地位不对称的交易情境，发包人在合同中注入柔性，设置合理的风险分担机制，向承包人传递信任信号。而在项目的实施过程中，承包人在感受到发包人的信任后，采取积极的合作行为，实际履约高于字面履约。发包人对合同状态的改变给予承包人应有的补偿，展现了发承包双方信任产生与维持的动态变化。

1. 利益分配与经济补偿

对发包人而言，承包人尽善履约行为是项目价值增值的关键，以利益分配公平为依托的经济补偿是承包人尽善履约行为重要的驱动因素。在建设项目合同补偿中，发包人需要对可能出现的变更、调价、索赔事项进行细致和准确的处理，确保承包人能够尽可能获得合理的价款补偿，通过提升承包人在合同补偿中的利益分配公平感激励承包人做出尽善履约行为。

2. 声誉传播与远期合作

发包人合同风险分担条款的设计既要注重给予承包人合理的物质补偿，又要注重通过合同执行提高承包人在业内的声誉。对承包人的互惠行为给予宣传和表彰，促进承包人尽善履约行为的选择。在项目结束后，承包人获得社会声誉，实现企业价值，有助于在未来投标竞争中占据优势地位，与发包人良性的互动关系有利于在未来项目中的进一步合作。

合同柔性是工程项目缔约双方达成“双赢”合作的核心要素。发包人在合同中注入柔性，以利用风险合理分担机制规避了“双巨头”的机会主义行为，并给予承包人一定的补偿，提高了双方合作的可能。承包人本着互惠互利的行为准则，对发包人的友善行为做出回馈，主动做出尽善履约行为，“双巨头”二次合作最大限度地实现项目价值增值。

三、基础设施建设项目信任跃升的实践案例

根据前文分析，在“双巨头”的合作关系中，当发包人释放信任后，承包人感知到信任，进而会做出互惠行为，也就是说“双巨头”合作中必然存在着信任关系。那么在实际项目中，“双巨头”之间通过什么方式实现了信任跃升？为更好地理解这一问题，本书通过具体分析天津地铁 X 号线和 Y 号线项目的现实案例验证发承包双方存在信任的强化跃升，并进一步阐释发承包双方信任跃升的具体方式，如图 10-1 所示。

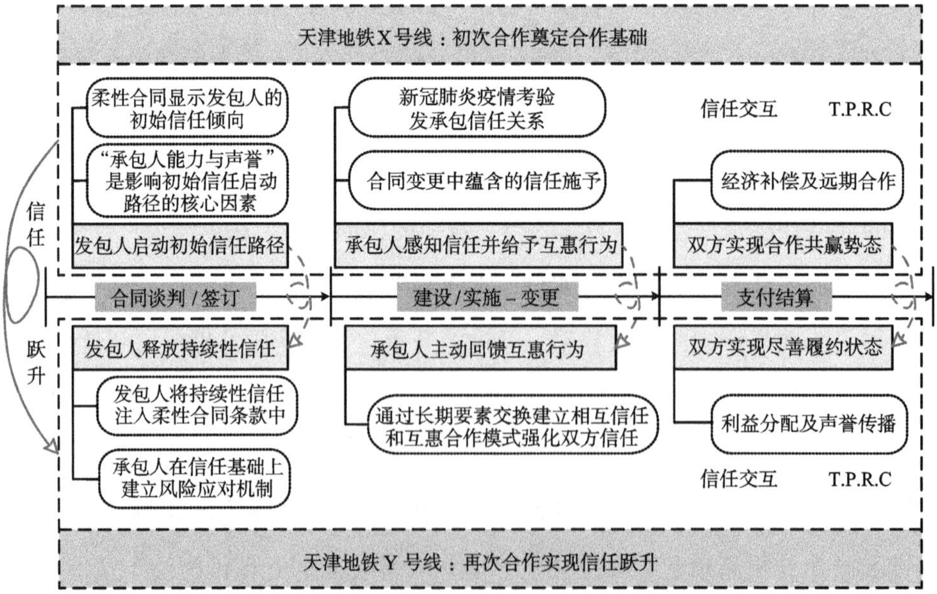

图 10-1　天津地铁 X 号线、Y 号线“双巨头”信任交互与跃升

正如前文所述，无论是传统基础设施建设领域还是新型基础设施建设领域，铁路、公路、城轨等交通运输类项目一直都是基础设施建设的重点，以地铁建设为主的轨道交通建设更是近年来我国城市基础设施发展的重中之重。而天津地铁 X 号线和 Y 号线均采用大标段建设模式，项目发包方具有多次项目经验，且在当地基础设施建设领域承担重要角色；承包方是我国大型建筑央企，有较好的声誉和能力。因此，该案例具有一定的代表性。通过对天津地铁 X 号线和 Y 号线项目中“双巨头”的信任关系进行分析有助于后文提出适用于基础设施建设其他领域项目的信任跃升建议。

（一）“双巨头”初次合作奠定信任基础

天津地铁 X 号线工程项目正线全长 14.17km，建设范围正线共 9 站 9 区间，另有出入段线、主变电站及其电缆隧道，总建筑面积 18.08 万 m^2，工程施工范围包含车站及区间土建工程、二次砌筑及设备区装修工程、人防工程、主变电站及电缆隧道土建工程。X 号线项目由天津市城乡建设和交通委员会、天津市发展和改革委员会委派天津市 A 集团有限公司进行大标段公开招标，中标单位为央企 B 公司组建的联合体。

1. 合同谈判 / 签订过程：发包人启动初始信任路径

合同是一种契约，是当事人之间依法确定、变更、终止民事权利义务关系的协议。合同谈判 / 签订过程作为发承包双方交易的第一步，是后续项目实施至关重要的第一步，也是双方信任交互的起点。工程项目组织间的初始信任影响组织间后续信任的演变以及行为，在发承包双方合作空白的前提下，基于初始关系形成的初始信任会影响持续性信任并提升合同双方的履约效率[8]。因此在工程项目组织之间建立较高的初始信任，对于此前没有交易过，而此后也缺乏明朗交易预期的工程项目的成功实施至关重要。

（1）柔性合同显示发包人的初始信任倾向。

合同柔性是工程项目达成“双赢”合作的核心理念之一，国内外学者的实证研究表明，合同柔性作为合理风险分担的一种形式，是应对环境不确定性及提升项目价值的有效措施。在合同中注入柔性促进了风险合理分担机制的实现，防止了在风险不合理分担情况下的交易双方的机会主义行为及道德风险，从而提高双方合作的可能性。合同柔性对项目合作的推动作用体现在应对不确定性时的事后调整机制。

本书通过对天津地铁 X 号线的合同文本进行解构与分析，以印证承包人感知到发包人所施予的初始信任的存在。

通过表 10-1 对合同约定中柔性条款的分析，柔性合同条款主要体现在适应工程不确定性调整条款以及有关制权的让渡及再谈判条款中。此外，合同条款中有关争端处理、激励条款等的设置也是柔性在合同条款中的体现。柔性合同允许发包人在事后调整支付，保证了承包人在风险发生后的合理收益，外显了发包人关注承包人利益的善意倾向，并能使承包人产生被信任感，即初始信任的建立。反之而言，合同当事人在良好的信任关系下也有利于保证合同柔性条款的执行效率。

表 10-1　天津地铁 X 号线建设工程施工合同文本的柔性条款

编号	条款规定	条款分析	柔性条款	核心因素
1	1.7.1　与合同有关的通知、批准、证明、证书、指示、指令、要求、请求、同意、意见、确定和决定等，均应采用书面形式，并应在合同约定的期限内送达接收人和送达地点。 1.7.2　发包人和承包人应在专用合同条款中约定各自的送达接收人和送达地点。任何一方合同当事人指定的接收人或送达地点发生变动的，应提前 3 天以书面形式通知对方	在合同条款中规定双方关于合同有关通知……确定和决定的联络沟通义务	再谈判条款	联络沟通
2	7.9.2　发包人要求承包人提前竣工，或承包人提出提前竣工的建议能够给发包人带来效益的，合同当事人可以在专用合同条款中约定提前竣工的奖励	在合同条款中设置对于承包方提前竣工的奖励	激励条款	激励事项
3	11.1　市场价格波动引起的调整：除专用合同条款另有约定外，市场价格波动超过合同当事人约定的范围，合同价格应当调整。合同当事人可以在专用合同条款中约定选择以下一种方式对合同价格进行调整……	在合同条款规定了因市场价格波动引起的价格调整	因物价波动引起的价格调整条款	物价波动
4	19.1　根据合同约定，承包人认为有权得到追加付款和（或）延长工期的，应按以下程序向发包人提出索赔…… 19.2 ~ 19.4　承包人索赔的处理程序、发包人索赔的处理程序、提出索赔的期限	在合同中约定关于索赔的事项、提出程序	索赔条款	索赔程序、索赔因素

（2）“承包人能力与声誉”是影响初始信任启动路径的核心因素。

承包人的声誉信息对初始信任的建立亦有重要作用，承包人良好的美誉度、知名度将减弱发包人对其可能存在机会主义行为的固有印象，也能解决发包人设想中的监管不足问题。对于发包人天津市 A 集团来说，获取判断是否能够相信承包方的信息是极其关键的。因此，本项目在资格后审阶段，对承包方进行详细评审，不仅是发包方获取承包方信息的重要途径，同时也是提高发包方对承包方初始信任水平的重要途径。从如下文本资料中可印证此点。

①承揽过单项合同在 14km 及以上且具备独立开通运营条件的国内城市轨道交通（含盾构区间及地下车站）施工总承包业绩（如联合体投标，联合体牵头单位需满足业绩要求）。

——节选自《招标文件》否决性条款资格后审部分

②央企 B 是全球最具实力、规模的特大型综合建设集团之一、2022 年《财富》“世界 500 强企业”排名第 39 位、“全球 250 家最大承包商”排名第 3 位、“中国企业 500 强”排名第 11 位。有 1 名工程院院士、12 名国家勘察设计大师、11 名“百千万人才工程”国家级人选和 251 名享受国务院特殊津贴的专家。累计获国家科学技术奖 87 项，中国土木工程詹天佑奖 136 项，国家优质工程奖 444 项，中国建筑工程鲁班奖 148 项，省部级工法 3 182 项；累计拥有专利 19 072 项。

——节选自 B 股份有限公司企业简介

通过对项目施工合同文本、承包人资质条件分析，可以看出承包人满足发包人规定的以往项目经验以及资质证明条件是硬性要求。同时，发包人在建设施工合同中注入柔性条款以照顾承包人的利益倾向，双方合作可以达到双赢的局面。

2. 建设 / 实施—变更过程：承包人感知信任并给予互惠行为

（1）新冠肺炎疫情考验发承包信任关系。

应对新冠肺炎疫情这一突发事件的影响，发承包双方都积极采取了有力的措施，有序复工，因此面对突发事件双方的处理态度体现了项目建设 / 实施阶段的双方信任交互。

①各工程项目经理部建立疫情防控组织指挥体系，成立领导小组，根据各自实际情况，分别制订具体的防控方案，做到“一站一策”。防控方案应做到“五个明确”：

明确各相关单位防疫逐级岗位责任；

明确疫情防控岗位及人员；

明确防控物资保障；

明确人员防疫管理；

明确疫情防控应急流程。

——节选自《天津市A集团开复工新冠肺炎疫情防控手册》

②考核内容：考核小组主要针对各工区疫情防控、安全生产、疫情防控及复工方案、人员返岗管理落实、现场封闭管理、现场后勤管理及迎检情况进行了考核。

考核结果：一工区94.6分，二工区89分，三工区85.4分，四工区87.8分。

——节选自《B公司津指计划〔2020〕42号文件》

发包人天津市A集团向项目部下发《天津市A集团开复工新冠肺炎疫情防控手册》，手册中规定了项目管理各方职责，对复工条件进行严格审查，确保后勤管理得当。发包人在处理合同外的突发事件过程中充分体现了协调效率与处理态度，对承包人显示了足够的尊重，承包人感知到发包人释放的信任后也会积极配合协调做出互惠行为。天津地铁X号线指挥部对复工后项目各工区存在的问题进行排查并及时整改，进行各工区疫情防控、安全生产、疫情防控及复工方案、人员返岗管理落实、现场封闭管理、现场后勤管理及迎检情况的考核及评比，以保证项目安全施工。

（2）合同变更中蕴含的信任施予。

项目变更阶段是建设周期中存在最多不确定性因素的阶段，更多涉及的是利益方面，承包人对于发包人是否合理支付变更中的增项费用更为敏感，因此变更阶段是信任交互的关键期所在。在项目变更阶段的实际操作过程中，当存在不可避免的变更时，“双巨头”如何应对变更所带来的问题是信任强化的关键所在。本书从招标文件与发承包缔约合同中进行文本发掘，以进一步印证交易信任的强化过程，如表10-2所示。

表10-2　天津地铁X号线建设工程施工合同变更条款

编号	条款规定	条款分析	柔性条款	核心因素
1	10.1　变更的范围：除专用合同条款另有约定外，合同履行过程中发生以下情形的，应按照本条约定进行变更： （1）增加或减少合同中任何工作，或追加额外的工作； （2）取消合同中任何工作，但转由他人实施的工作除外……	规定可变更的范围，在合同中注入柔性	变更条款	变更情形

续表 10–2

编号	条款规定	条款分析	柔性条款	核心因素
2	10.2　变更权：发包人和监理人均可以提出变更。变更指示均通过监理人发出，监理人发出变更指示前应征得发包人同意。承包人收到经发包人签认的变更指示后，方可实施变更。未经许可，承包人不得擅自对工程的任何部分进行变更。涉及设计变更的，应由设计人提供变更后的图纸和说明。如变更超过原设计标准或批准的建设规模时，发包人应及时办理规划、设计变更等审批手续	在合同条款中赋予发包人变更权	变更条款	法律赋予
3	变更估价： 10.4.1　变更估价原则除专用合同条款另有约定外，变更估价按照本款约定处理： （1）已标价工程量清单或预算书有相同项目的，按照相同项目单价认定； （2）已标价工程量清单或预算书中无相同项目，但有类似项目的，参照类似项目的单价认定……	赋予承包人由变更引起的价格调整的空间	价格调整条款	变更估价规定
4	10.5　承包人的合理化建议：承包人提出合理化建议的，应向监理人提交合理化建议说明，说明建议的内容和理由，以及实施该建议对合同价格和工期的影响。 合理化建议降低了合同价格或者提高了工程经济效益的，发包人可对承包人给予奖励，奖励的方法和金额在专用合同条款中约定	赋予承包人变更建议权并内置激励条款	变更条款、激励条款	工程变更、激励因素

天津地铁 X 号线在合同文本中明确了各方职责，同时对项目变更所导致的工期、工程款变更进行了柔性合同约定。合同约定因发包人原因导致的项目实际工期超过合同工期的情况，合同工期以外的项目单价调价原则不变，并且不再计取窝工、赶工费用，这一约定大力体现出发包人在变更阶段对承包人给予了足够的经济补偿。柔性合同的签订是发包人释放信任的重要方式，承包人感知到发包人的信任后同样会回馈互惠行为。天津地铁 X 号线指挥部为应对项目变更带来的经济、工期等变化成立了变更索赔领导小组，对每月的工程变更进行审核，合理提高项目处理工程变更问题时的效率，有效避免了双方因项目变更导致的冲突。

3. 支付结算过程：双方实现合作共赢势态

发包人对项目进行验收并按时给予承包人工程款，同时对承包人的建设能力进行了肯定，而承包人感知到发包人对其利益分配及声誉传播的信任后以更高质量的工程、更紧凑的工期进行回馈，这一阶段属于项目结算阶段，该阶段涉及了双方的利益及工程验收等问题，是“双巨头”初次合作信任强化的终点，也是未来远期合作的起点。

①工程预付款

A. 工程建安费

（1）预付款支付比例或金额：建安费投标报价扣除暂列金额、暂估价后的10%。

（2）预付款支付的期限：按年度工程计划分年度申请并支付，按年度工程计划逐年预付，首次拨付日期为合同签订后或不迟于约定的开工日期前7日内。

（3）预付款扣回的时间、比例：于计量累计投资额达合同造价扣除暂列金额、暂估价的20%时开始回扣，于计量累计投资额达合同总造价扣除暂列金额、暂估价的70%时扣齐。

B. 工程前期费

（1）预付款支付比例或金额：工程前期费投标报价的50%。

（2）预付款支付的期限：合同签订后或不迟于约定的开工日期前7日内。

（3）预付款扣回的时间、比例：不回扣。

——节选自《招标文件》投标人须知10.2.3.1

②工程费用

A. 工程建安费

（1）每月25日前按实际完成的工程量并经监理工程师核准进行计量支付；工程进度款支付额为经监理工程师核准后计量工程造价的85%；试运营基本条件专家评审后支付至经监理工程师核准后计量工程造价的90%；结算完成且工程资料归档后付至结算价款的97%，一次性扣留结算价款的3%作为工程质量保证金，待缺陷责任期满后30日内一次性付清。

（2）结算完成指甲乙双方共同确认后且经政府相关部门结算审核通过。

（3）工程的缺陷责任期为24个月（自竣工验收合格之日起之后的24个月）。

（4）国家对规费和税金做出政策调整时，未实施的工程量清单项目的综合单价中的规费和税金应按规定进行调整

B. 工程前期费

投标人将实际签订的工程前期合同及付款凭证经监理工程师核准后按季度汇总

至招标人，当实际支付金额达到工程前期费预付款的80%时，支付工程前期费用的15%；当实际支付金额达到项目预付款的100%时，支付工程前期费用的20%；移交产权单位后支付工程前期费用的12%，一次性扣留结算价款的3%作为工程质量保证金，待缺陷责任期满后30日内一次性付清。移交产权单位前，养管工作均由投标人承担，费用包含在投标报价中。

——节选自《招标文件》投标人须知10.2.3.2

③工区综合考评

结合活动竞赛评选方案，各工区项目部最终排名情况如下：

第一名　三工区项目部

第二名　四工区项目部

第三名　二工区项目部

第四名　一工区项目部

第五名　管片项目部

——节选自《T公司津指计划〔2019〕160号文件》

④为加强提质增效专项行动组织领导，经指挥部研究决定，成立天津地铁X号线提质增效专项行动领导小组。

——节选自《关于成立天津地铁X号线工程指挥部提质增效专项行动领导小组的通知》

⑤天津地铁X号线于2019年除夕开工建设，团队跑步进场，4个月完成管线迁改等前期工作，连续2个年度、9个季度获天津市地铁建设评比第一名，提前实现“洞通、轨通、电通、信号通”等节点目标，创造了“34个月建成一条全自动运行地铁线”的全国纪录。

——节选自报道《天津地铁X号线工程建设管理团队》

如上证实，在天津地铁X号线的支付结算阶段中，双方按合同约定进行工程款的交接以及工程质量的验收，天津市A集团公司在合同中约定开工前7日发包人支付承包人预付款，每月25日前按实际完成的工程量并经监理工程师核准进行计量支付，在建设期间发包人按时支付工程价款。合理的利益分配向承包人释放了更多的信任。央企B公司作为工程承包人也对发包人的信任做出良好回馈，建设中大力弘扬新时代铁道兵精神，勇于创新、奋力开拓，安全优质文明施工，创造“34个月建成一条全自动运行地铁线”的全国轨道交通建设新纪录。承包人在项目建设中的质量、工期安排是承包人对发包人的互惠行为体现的方式，发包人对承包人的项目建设也做出肯定，在天津市地铁建设评比中X号线项目连续2个年度、9个季度获天津市第一名，央企B公司在天津市乃至全国轨道交通建设领域树立了品牌和信誉，实现了社会效益和经济效益双丰收，为与发包人的远期合作奠定了坚实基础。

（二）“双巨头”再次合作实现信任跃升

“双巨头”在天津地铁X号线成功合作后，发包人对央企B公司的了解有了进一步深入，基于对央企B公司能力、声誉、风险偏好和经验的判断以及履约阶段的表现，初始信任转化为持续性信任，同时天津地铁X号线工程项目的成功合作助力央企B公司取得了当地政府的信任，为Y号线的项目承包奠定了良好的信任基础。天津地铁Y号线工程线路正线长18.6km，共设车站17座，是天津市住房和城乡建设委员会和天津市交通运输委员会作为发包人且以PPP模式进行融资的基础设施项目，因受到发包人给予的持续性信任，承包人央企B公司不仅作为Y号线建设方，也作为融资方参与到项目合作中。

1. **合同谈判/签订过程：发包人释放持续性信任**

合同刚性与效率之间要达到一个平衡点，尤其是涉及公私关系的PPP项目合同，更应注重柔性条款的设计。信任的存在可以推进发承包双方设计出一套以合同为依托的有关处理不确定性的柔性规则和程序，当不可预见的事件发生后，发承包双方以柔性合同为基础相互调适，维持双方交易关系并提高交易效率。

（1）发包人将持续性信任注入柔性合同条款中。

天津地铁Y号线项目作为以PPP模式进行融资的大型基础设施项目，发包人在招标时对发承包之间的信任度更为看重。因此在天津地铁Y号线工程项目的合同签订过程中，发包人为降低事前交易成本，在持续性信任的前提下选择已有天津地铁X号线合作基础的承包人央企B公司，签署具备柔性因素的合同条款，促使合同各参与方提高管理绩效水平，实现项目预期目标。天津地铁Y号线合同的柔性表现在价格柔性、控制权柔性、再谈判柔性三个方面，合同条款如表10-3所示。

表 10–3　天津地铁 Y 号线柔性合同条款设置

天津地铁 Y 号线合同条款	合同内容	合同条款类型	柔性维度
《工程变更管理合同》1.1	不可抗力所引起的投资变化由甲方一、乙方按 50%∶50% 的比例共同承担	价格调整条款	价格柔性
《工程变更管理合同》1.1	非乙方原因造成的区间工程发生质量安全问题，乙方采取积极补救措施后，所引起的投资变化，甲方一、乙方按 50%∶50% 的比例共同承担		
《PPP 项目合同》33.4	遭受损失的一方应有权从另一方获得因试图减轻和减少损失而发生的任何费用，但不应超过未采取合理措施时造成的损失金额		
《PPP 项目合同》33.4	由于另一方违约而遭受损失或可能会遭受损失的一方应采取合理措施防止损失扩大或减少损失	风险突发事件应急措施	控制权柔性
《PPP 项目合同》13.3	项目发生任何突发情况后，乙方应执行国家及天津市相关管理规定，并立即启动相应应急预案，采取有效措施以降低事故影响		
《PPP 项目合同》13.3	乙方应针对自然灾害、安全事故、环境公害及人为破坏等突发情况建立相应的应急预案和相应的组织、指挥、设备等保障体系，明确事前、事中、事后的各个过程中相关部门和有关人员的职责，并保证在出现意外事件时其保障体系能够正常启动	风险早期预警性条款	
《投标人须知前附表》10.2	纳入政府投入部分但由 PPP 项目公司负责实施所产生的费用，于实施完成后 30 日内由政府方直接支付给 PPP 项目公司	竣工结算时间约定	再谈判柔性
《PPP 项目合同》35.1	本合同生效后 30 日之内，甲方和乙方应成立一个由 3 名甲方代表和 3 名乙方代表组成的项目协调委员会，并根据本合同拟定议事规程，经双方确认后执行	共同协商条款	

合同因其不完备性，不能包含所有不可预见事件的处理机制，因此必须提供灵活合作的框架而非刚性的风险与收益的分配。相对于公共采购，私营机构的采购合同设计在对承包商的价格补偿机制方面具有更显著的柔性特征，从而体现了柔性的效率价值。天津地铁 Y 号线合同中双方约定好项目变更的情形，并针对项目变更导致的工期、工程款变更等进行了柔性合同约定。项目合同约定乙方原因造成的区间工程发生质量安全问题所引起的投资变化以及不可抗力所引起的投资变化由发包人与承包人共同承担投资变化，天津市住房和城乡建设委员会将持续性信任注入柔性合同中，并且设置“乙方采取恰当措施能够加快建设进度、降低建设或运营维护成

本、提高项目的质量和环保标准等”等激励条款，促使合同双方提高管理绩效水平。

（2）承包人在信任基础上建立风险应对机制。

在控制权柔性条款中，合同约定承包人建立相应的风险应对机制，发生突发情况时发包人给予承包人足够的信任，承包人无需请示发包人，第一时间采取补救措施，激励承包人积极控制和应对风险。在合同中注入柔性促进了风险合理分担机制的实现，防止了在风险不合理分担情况下交易双方的机会主义行为及道德风险，提高了双方合作的可能性。

同时双方共建项目协调委员会，以诚信、公平、公正的态度解决项目中存在的问题，给予承包人足够的尊重，促进双方共同实现项目预期目标。允许合理再谈判的柔性合同为承包商提供了一个风险缓释机会，从抑制道德风险与机会主义倾向角度有利于维护项目价值。

2. 建设 / 实施—变更过程：承包人主动回馈互惠行为

由于签订柔性合同，承包人 B 公司感知到发包人向承包人释放的持续性信任，天津地铁 Y 号线工程项目建设中不仅关注自身利益，同时也关心发包人的物质收益。“双巨头”之间的互惠合作行为对提高工作绩效有积极影响作用，承包人的互惠行为表现在以下几个方面：

面对此次“疫战”，央企 B 公司立即拉响“一级战斗警报”，分别于 10 日、11 日连续两天召开疫情防控工作紧急“视频 + 现场”会议，传达市委组织部印发的《关于在疫情防控中进一步发挥基层党组织战斗堡垒作用和党员先锋模范作用的通知》和驻地政府的有关要求，公司党委向各支部、各参建单位党组织发出“一号动员令”，要求各级党组织、全体党员领导干部要强化政治责任，主动担当作为，进一步发挥基层党组织战斗堡垒和党员先锋模范作用，带头发扬无私无畏精神，带头做好群众思想工作，带头顾全大局遵守纪律，带头坚守岗位扎实工作，公司第一时间启动《央企 B 公司新冠疫情防控应急响应实施方案》，全面打好疫情防控阻击战。

——节选自《天津地铁 Y 号线打响疫情防控“反击战”，筑牢疫情“防火墙”》

项目质量进度保障

自项目首幅地连墙开始吊装以来，项目团队超前谋划、积极统筹资源，持续加大设备及劳动力投入，并通过倒排工期，实行人员 24 小时轮换等方式，全力以赴推进施工生产进度，保障工期节点目标。

施工过程中，项目团队严格把控施工安全质量，在钢筋笼吊装的高风险环节期间，项目团队提前研究部署多种施工方案，严格履行钢筋笼六步验收，提出并实行了“吊装令”制度等举措，确保地连墙施工安全有序进行。同时，针对施工场地狭小问题，项目团队合理调整钢筋笼加工平台，优化施工工序，通过采取高峰期调配三台成槽机同时作业方式，有效保障了每一幅地连墙的施工衔接。

——节选自《天津地铁Y号线××站正式进入主体开挖阶段》

入场以来，项目团队在抓实抓细疫情防控的前提下，管理人员全部下沉到施工一线，持续开展劳动竞赛和技术攻关，不断优化工序衔接，加快工程推进。同时始终坚持党员干部带班，高效协调各类生产要素，开启施工“快进”模式，平均2天完成一幅地连墙浇筑，全速推进工程建设。

——节选自《地下38.38米，天津最深地铁车站正式进入主体施工！》

通过长期要素交换所建立的相互信任和互惠合作模式有助于降低“双巨头”间产生短期投机行为，以此强化双方间信任。应对突发事件时，承包人在柔性合同的激励下主动控制风险，以明确的风险管控机制解决项目进行过程中出现的特殊情况，达到合同以外的尽善履约。天津地铁Y号线项目提前做好风险预警，实行全过程动态管理，针对自然灾害、安全事故、环境公害及人为破坏等突发情况建立施工风险管控机制，确保项目施工安全。面对疫情，项目指挥部严格执行《全市建设工地开复工疫情防控工作导则》《天津市建设工程施工安全管理条例》等规定，施工点位采取全封闭管理，所有人员进出施工现场必须严格执行登记、测温、亮绿码等要求，无特殊事项现场施工人员不得随意进出。针对季节性自然灾害，央企B公司落实天津市住建委通知，抓好基坑支护、轨道交通工程盾构施工等重点部位和关键环节，全面排查隐患，对隐患逐项建立台账、逐项落实整改，提升从业人员风险防范意识和能力，遏制疫情扩散和安全事故发生，避免了因盲目赶工期、抢进度等带来的安全隐患。

3. 支付结算过程：双方实现尽善履约状态

当发包人确保分配能够实现公平时，承包人的心理需求能够得到极大的满足，心理契约违背概率将极大降低，从而继续保持良好的工作状态。央企B公司在天津地铁 Y 号线建设中尽善履约，为项目做出合同约定外的努力，在支付结算过程发包人在感知到来自承包人的信任后，同样会采取积极的合作行为，用以回馈施信方的期望，补偿行为如下所示：

面对当前严峻的疫情，央企 B 公司 2 标项目经理部坚持“外防输入、内防反弹”总策略，压紧压实“四方责任”，严格落实“门岗管理、物资接收消杀转运管理、食堂管理、人员思想动态和行动轨迹管理”等四个关键环节管控措施，有效保障现场安全施工生产，为后续基坑开挖奠定了坚实基础。

——节选自《天津地铁 Y 号线某站地连墙施工全部完成》

随着最后一块顶板混凝土浇筑完成，由央企 B 公司承建的天津地铁 Y 号线工程某站主体工程顺利封顶，比预期提前 30 余天。

——节选自《地铁 Y 号线 9 个车站土建施工》

该项目全面落实标准化管理，强化施工现场全过程安全质量控制和文明施工管理，严格按照设计图纸施工，不断优化施工方案，倒排工期，细化工期节点，坚持领导班子带班制度，安排专人盯控，组织进场人员安全教育培训，主动与项目公司、设计、监理等单位沟通协调，促进项目施工进度。

——节选自《地铁 Y 号线建设新进展！某站基坑开挖动工》

在天津地铁 Y 号线项目建设中，发包人在利益分配问题的处理上实现公平公正，项目变更中发包人对调整事项进行了细致和准确的处理，保证承包人能够尽可能获得合理的价款补偿，通过提升承包人在合同补偿中的分配公平感来激励承包人做出尽善履约行为。承包人在本次项目合作中收获了来自承包人更多的信赖，有助于在“双巨头”之间建立稳固的信任关系，显著提高项目绩效。

央企 B 公司合理调配资源，严格技术标准，克服土方外运与疫情影响种种困难，在基坑内部设置降水井及钢支撑，保证基坑稳定。通过一系列安全保证措施，有效地规避了施工风险，攻破了各个“堡垒”，为施工创造了良好条件。天津市住房和城乡建设委员会在官网、公众号等多平台对天津地铁 Y 号线建设中承包人的互惠行为进行了表彰，大力宣传天津地铁 Y 号线建设中严格管理、精准落实等措施，有助于发包人社会价值的传播，进一步强化了“双巨头”间的信任，促进了双方今后多次合作的进行。

第十一章 组织间信任交互与跃升的善治

一、善治理念与善治举措

（一）发承包双方应秉持的善治理念

1. 善治理念的起源

俞可平在国家治理话语体系中有着举足轻重的地位，他曾将善治概括为使公共利益最大化的社会管理过程[9]。这其中的内涵即政府围绕社会管理层面对社会中的利益分配问题出台相应的治理举措，调和与公民社会之间的关系以谋求一种良性的社会状态。所以，从国家治理的角度来看，善治离不开政府，更离不开公民的参与。而在工程项目交易的框架下，工程各交易主体间的利益关系与上述的政府与公民的关系存在诸多相似特征，故把善治这个概念引申到该框架下。善治理念强调国家与社会、政府与公民之间的协调、合作、互动，而在工程项目交易的情景下，更多的是强调各交易主体间的合作与沟通，即发承包双方之间的合作关系，信任在其中扮演着重要的角色，因此本书仅阐释在信任交互与跃升中各方应秉持的善治理念与社会偏好。

2. 发包人的善治理念

发包人在市场中位处主导地位，在筛选承包人时注重对商务标书中可信用程度的评估，“承包人能力”和“承包人声誉”是发包人初始信任启动的关键因素。因此，项目成功的关键在于选择一个值得信赖的承包商，这也同为发包人建立合作关系的价值取向。由于我国的建筑市场存在信息不对称的现象，发包人对承包人的资质与风险评估有限，利己因素的存在易诱发承包人的机会主义行为。为充分考量诱发性因素并奠定交易双方合作基础，发包人应从评审阶段提升决策者的决策水平，对未来可能出现的风险状况具备前瞻性和预见性，最大限度地规避项目潜在风险，要力促并争取基础设施建设项目治理效果达到最佳状态。总而言之，在发包人的视角下，善治理念诉求的是这样一种认识观：善治不能脱离发包人的责任制，更不能脱离承包人的自治，它有赖于发包人作为施信方的自觉认同，也有赖于承包人自律性的意识合作。

3. 承包人的善治理念

现有研究多强调发包人的效率和控制强度问题，而承包人在善治过程中的行为逻辑鲜有涉及，其主观能动性也往往被忽视。承包人的行为决策是在综合了合同规定、外部环境、自身心理因素等条件下做出的选择。随着总承包模式的盛行，对于承包人而言，对项目的控制权呈现缓步上升的趋势，实现尽善履约绩效是实现项目增值的关键，项目成功需要双方的共同努力。在发包人施予初始信任后，承包人也应给予正向的回报行为，开展良好交互，从而有助于项目后续的顺利进行以及项目管理绩效的持续提升。若承包人在感知到信任后并未对发包人进行积极回报，发包人则会产生信任怀疑，从而抑制发包人信任的再次发出，甚至导致双方信任关系破裂，使项目不能按时、顺利地完成。总而言之，在承包人的视角下，善治理念诉求的是这样一种认识观：在承包人履约合同并获得既得权益与利益的交易过程中，秉持互惠理念，投桃报李，以增添未来多次合作的信用砝码。

在建设工程领域，由于发承包双方是项目的发起者与执行者，所以本书重点对发承包双方的善治理念进行探索与剖析。其他建设主体的善治理念归根结底均内嵌在利益最大化、资源配置最优化的最终目标中，善治理念就是项目管理的最佳状态。如果到了这样的一种理想状态，那么就能够真正实现工程项目管理的最终目标，即整个项目的质量、成本、工期目标的和谐统一，进而实现利益相关者“和谐共赢”的管理目标。

（二）发承包双方信任交互与跃升的现实举措

1. 发包人信任交互与跃升的现实举措

（1）发包人合理“放权”，触发承包人积极互惠行为。

研究结果表明，承包人信任感知能够显著正向影响其互惠行为，承包人互惠行为的发生，不仅需要发包人施予的初始信任，更需要让承包人产生被信任的感觉。而信任感知维度中授权感知对承包人互惠行为的影响最甚，授权感知中自我效能的实现是影响互惠行为的核心要素。

因此，为了改善中国建筑市场大背景下发承包双方地位不对等的现状，建议发包人通过“放权”，给予承包人更多的自主机会，充分相信承包人的能力和态度，并且做到言行一致，使承包人充分感觉到来自发包人的信任和尊重，实现承包人的权力最大化，从而触发承包人授权感知对互惠行为的激励作用。

（2）发包人注入合同柔性条款，助推信任交互层级跃升。

合同柔性是发承包双方达成“双赢”合作的核心思想之一。项目交易的时间线上刚性契约不可能对所有风险漏洞达成有效封堵，合同柔性条款的注入将环境的不确定性与潜在风险等级降至较低水平，即柔性是灵活应对不确定性的有效方法。

在信任这种隐性资源的驱动下，发包人注入合同柔性条款，决策柔性合同价格，可体现发包人对承包人良好行为的预期，即发包人认为承包人不会在项目建设过程中非善意地利用支付调整条款进行有损发包人利益的行为，并且愿意在影响支付调整的事件发生后与承包人开展有益的谈判商讨具体的支付调整方案。信任交互层级跃升的作用在于降低了项目建设过程中发承包双方间的摩擦，并促成了双方的有效合作[10]。

（3）“精准投放”信任，针对项目阶段施予不同维度信任。

就合同谈判 / 签订阶段而言，公平感知对互惠行为的影响最为显著。这就表明在合同谈判 / 签订阶段应注重承包人公平感知，但由于此阶段属于发承包双方合作初期，并不涉及分配公平与程序公平，因此发包人应在互动公平方面予以重视，如以平等的身份进行互动、认真考虑承包人意见等。

建设 / 履约阶段、变更阶段及支付结算阶段，均是授权感知最为显著，这说明在上述阶段中给予承包人更多的自主机会，能更有效地激发承包人的互惠行为。表现出更多的授权行为是有效促进承包人平衡互惠行为的一种手段，要授予承包人更多的自主权，让他们自主决策并承担合适的责任。

2. 承包人信任交互与跃升的现实举措

（1）加强与发包人的良性沟通，抑制变更阶段的矛盾与问题。

承包人在项目变更阶段的互惠行为水平显著低于其他阶段，说明承包人对变更问题较为敏感，在该阶段不易产生互惠行为。变更作为工程项目领域难以解决的问题，也是发承包双方的核心关切所在。

变更这一阶段中更多涉及的是利益问题，同时也是最容易破坏双方信任关系的阶段。抑制变更阶段的相关问题和矛盾，要求承包人应加强与业主沟通，从项目整体利益出发避免引起合同纠纷和争端。当发生变更时，积极按照合同规定的变更程序进行，对于合同约束之外的问题积极协商，以正确的态度处理对方提出的索赔事项。

（2）承包人对柔性合同需尽善履约，积累远期信誉。

虽然《招标投标法》规定了必须招标的工程建设项目范围，但如果发承包双方有过多次合作经历，那么，发包人一定对承包人在资金、技术和管理等方面存在较高的信任，这种较高信任层级的达成与稳定并不是一蹴而就的。柔性条款会给承包人以激励，承包人同时亦从长远利益考量，在项目交易一次性的背景下构建良好的双赢模式激发发包人的能力认同与关系信任。发包人与承包人之间关系信任的不断跃升，能够促使双方在未来合作中签订能够有效应对不确定性的具有较强柔性程度的合同，从而促使发承包双方在项目实施阶段产生更紧密的合作，这样便产生信任与合作的良性循环，"滚雪球"式的信誉积累将成为远期工程项目合作的根基。

二、组织间信任跃升的管理启示

（一）新发展格局下组织间信任的凝聚作用

党的十九届五中全会提出加快构建以国内大循环为主体、国内国际双循环相互促进的新发展格局，这是与时俱进优化中国经济结构的战略抉择，也是塑造更高层次开放型经济体制的战略部署。在新冠肺炎疫情冲击，世界经济遭遇重挫，全球需求市场萎缩的环境变迁中，提升供给体系的关联性和创新力、提高产业链供应链现代化水平就显得尤为重要。其中供应链是新企业获取外部资源的重要源泉[11]，企业间建立或维持资源互补的合作伙伴关系亟须信任这种"黏合剂"的持续作用。与此同时，为顺应经济全球化的发展潮流，企业的组织形式、经营模式以及发展战略也跃升至新的维度，基于网络化的多维立体角逐是企业百舸争流的主旋律，企业集团、战略联盟等多种网络组织形式的出现对建立企业间信任提出了更为迫切的要求。企业合作在这样的时代背景下赋予了新的意义，企业间关系中的信任问题也就推向了理论探讨和实践摸索的前沿。

在经济全球化的背景下，实体经济的重要组成部分——制造业是立国之本、强国之基，其内部的良性发展是推动中国制造向中高端迈进的基石。至此，我们以中国制造业企业为例，探寻其供应链间的良性合作信任关系。

1. 国内大循环战略下的组织间信任纽带

畅通国内大循环，提高供给质量是重要基础。现实中的供应链多为利益相对独立的多个企业通过联盟或合作组成的分散式供应链，企业合作关系中存在潜在的机会主义风险，合作关系不稳定，导致供应链应有优势难以发挥。国内的制造业供应链存在信任危机问题是导致上述风险的源头所在。

那么，贯彻落实中国制造2025的行动纲领，营造良好的国内制造业生态环境，亟须国内大中小企业在供应链、产业链中注入社会责任感，提高信息共享的质量，保证信息共享的及时性、完整性以及准确性，这样，可以推动企业成员间的信任。同时企业自身需培养以远期战略为导向的企业文化，注重企业的长远发展。从根本上转变这种以自身短期利益为核心的思想观念，营造一种正能量、高弹性、充满活力的企业氛围，更多地关注企业合作伙伴长期战略合作带来的收益。这种合作带来的长期收益远远大于当期的短期利益，它既是企业间信任的前提，也是信任关系的交互强化并得以延续发展的能量源泉。总而言之，集百家之长，成一家之言。增强企业间信息共享程度、共同决策力及合作紧密性，供应链成员间的有效沟通与合作是建立组织间信任纽带的关键所在。

2. 国内国际双循环的中外企业信任联结

改革开放至今，中国经济保持持续高速增长，其中以制造业为核心的工业是重要的动力源泉。然而，中国制造业由大向强的转向阻碍还存在，主要表现在产品生产高投入、产业低利润、能源高消耗、环境污染严重及处于产业价值链低端等方面[12]，这些正是制约中国制造业高质量发展的核心因素，其中国际企业与中国市场合作的安全稳定为不容忽视的经济发展问题。

在国际上，中国现在从数据上看经济力量很强大，但要区分清楚的是，这个强大主要凸显在制造业层面。中国制造业正位处由制造大国向制造强国迈步的转型中，还存在制造业创新能力不强、质量效益不高的特点[12]，西方的优势是创新产业、知识产权、高技术以及一些高端制造业。从上述现状分析来看，中国主要侧重成本优势，西方则主要比拼技术优势。技术优势很难被替代，但成本优势并不是不可替代，除非成本一直低于他国的水平，但从实际来看是不现实的。那么在什么情况下可以只从成本角度考虑问题？当不会有安全问题的时候，即无需考虑是否需要信任彼此，就只需要从成本角度考虑问题。一旦跨国公司丧失对中国市场的信任，成本因素便非唯一考虑性因素。

中国是目前世界第二大经济体，这是中国制造业的基本盘。从这个基本盘出发内省己身制造业短板，我国制造业整体上仍处于价值链中低端，高端服务环节长期依赖国外[6]，主要由跨国公司制造商或服务商提供。如果跨国公司不再在乎成本，我国企业的优势就会遭遇挑战。当双方相互信任关系跃升并稳定在一个高水平层级，曾经的安全问题今天也可以不再是安全问题，中国市场在成本上的优势也不能再称为优势。因此，我们应该立足国内超大规模市场，支持跨国企业发展，培育精良平台企业，以此构建互惠互利的国际循环体系[13]，促使中外企业信任联结的坚实与稳定。

（二）施信方与受信方互信互惠关系下的正向收益

当交易双方形成信任与承诺关系时，互惠的观念将内化于心，外化于行。虽然互惠关系通常无法得到立竿见影的回报效应，但从长期效应视角观望，可以增强双方对未来的期待，打破“经济人”的中心主义，进而建立互利共赢的交换系统[14]，激励交易双方共享未来的组织资源，从中获取最大效益。

1. 施信方的正向收益

（1）施信方的信息搜寻成本、谈判成本、缔约成本、监督成本和可能发生的处理违约行为的成本等交易成本减少。

（2）施信方可以根据对受信方的初始信任预测和模拟其在履约过程中可能的各种反应和行为，进而拟定适当的合同条款，其中刚性合同条款将约束受信方那些对己方不利的行为，从而保护施信方的权利感受，使项目结果可以预期。

（3）柔性合同条款将激励受信方那些对己方有利的行为，从而拓展施信方的策略选择空间，提升项目价值，只要这些刚性或柔性的合同条款不“背离合同实质性内容”。总之，依据初始信任形成的柔性合同能够对受信方起到恰到好处的激励与约束作用，同时也实现了对交易双方之间后续信任的提升与维持。

2. 受信方的正向收益

（1）受信方展示出从利己主义向利他主义的转变、乐于以积极互惠的态度制订策略并提供有利于施信方利益的合理化建议[15]，形成一种双边共赢的合作关系。

（2）受信方通过举办项目合作目标外的非正式活动，建立与施信方深层次的信息沟通与交流机制。通过上述活动，加深双方之间的了解与信任，打造企业间的信任桥梁，形成互利互惠的合作氛围，实现交易双方的良好交互与合作。

（3）如果受信方的信任得到回报，信任则向良性循环倾斜。受信方获得了合同状态变化的补偿，其正循环的回报行为会唤起施信方的信任，这一过程倾向于项目组织中信任文化的增强。这种正向循环的、双方的信任层级呈现螺旋式上升的交互状态为受信方的远期合作奠定了良好的基础。

（三）组织间信任的未来研究展望

近年来组织间信任作为一个极具理论价值和现实意义的研究主题已吸引了国内外学者的广泛关注和深入探索。需要指出的是，现有组织间信任形成机制研究仍然存在局限性，而且已有文献中存在的争论与分歧也表明未来的研究工作需要从理论和实证上对该研究领域做进一步的整合、规范与拓展。

1. 组织间信任的前置因素研究

构建与管理组织间的信任是学术界值得思考探究的研究领域。在当前组织间信任的研究中，多数文献只从一个前因维度切入考量，很少有文献同时将个体、团队、组织、社会、群体等前因维度进行系统化的综合研究。考虑组织间信任产生的背景特征，对它们进行系统考察显得尤为必要，需要考察成员个体知识、权力、能力等对组织间信任的影响。例如，组织中什么样的领导作风、权力结构及下属成员的信任特征等能促使组织间信任更加饱满？这些未来研究都将对当代中国企业内部发展与对外合作起到支柱性的推动作用。

2. 组织间信任的整合研究

组织间信任是一个多维的概念，这也表现在现有文献从多角度多侧面来研究上。这样的结果导致相关研究较为零散，缺乏对组织间信任系统的探讨。因此，无论是认知类信任、能力信任，抑或是制度信任、过程信任，未来的研究需要系统地整合分析这些不同类型和维度的组织间信任。当然，未来的研究还可以考察第三方信任，将信任主体扩展到第三方。

3. 组织间信任的“灰色影响”

组织间信任一定会完全利于多方信任关系的建立吗？学者已从理论或实证上分析了信任的消极方面。信任不足可能会增加组织间冲突，提升沟通、交易成本，进而影响合作与组织绩效。而过度信任会带来盲目信任，过度依赖合作方提供的信息、能力和资源等，也会使信任方监控对方机会主义行为的能力降低，并与合作方“过度嵌入”，这会增加企业遭受损失的风险，即存在“信任不足”及“信任过度效应”。但现有研究较少探索组织间信任的负面影响，组织间信任可能存在最优平衡点。未来研究可以探索组织间信任对不同结果变量是否存在消极效应、对积极的结果变量是否存在“信任过度效应”等问题。

本篇小结

本篇从我国基础设施建设的基本框架出发，以发承包双方的合作关系为研究焦点，以案例分析的形式将组织间信任跃升的内部逻辑与外部表现相结合，将项目建设阶段作为节点划分，进而探寻交易双方信任关系的螺旋强化与梯次跃升。之后在第十一章开篇从发承包双方的思想与行为两个层面入手，给出实质性的意见与建议，意在推动我国建筑市场交易与合作的良性发展。之后的撰写并不仅局限于基础设施建设这个领域，从我国现实政策背景出发，以能够体现国家生产力的制造业为研究对象进行拓展性的研究。最后回归到学术界的视角对组织间信任的研究缺口进行启示性的展望。

参考文献

[1] 蒋卫平，张谦，乐云，何清华．工程项目中信任的产生与影响——基于承包商方视角［J］．西安建筑科技大学学报（自然科学版），2012，44（01）：97-102.

[2] 周培，赵国杰，尹贻林．信任趋同及信任感知差异对风险分担的影响——基于组织间信任的探索［J］．软科学，2015，29（9）：127-130.

[3] Liu D, Xu W, Li H, et al.Moral Hazard and Adverse Selection in Chinese Construction Tender Market:A Case of Wenchuan Earthquake［J］. Disaster Prevention and Management: an international journal, 2011，20（4）：363-377.

[4] McKnight D H, Cummings L L, Chervany N L. Initial trust formation in new organizational relationships［J］. Academy of Management Review, 1998, 23（3）: 473-490.

[5] 尹贻林，王垚．合同柔性与项目管理绩效改善实证研究：信任的影响［J］．管理评论，2015，27（09）:151-162.

[6] 严玲，郭亮，宁延，严敏．合同柔性对承包人履约行为的激励作用研究：以信息透明度为调节变量［J］．管理评论：2021：33（10）：222-236.

[7] 严玲，王智秀，邓娇娇．建设项目承包人履约行为的结构维度与测量研究——基于契约参照点理论［J］．土木工程学报，2018，51（08）：105-117.

[8] Suprapto M, Bakker H L M, Mooi H G. Relational factors in owner-contractor collaboration: The mediating role of teamworking［J］. International journal of project management, 2015, 33（6）: 1347-1363.

[9] 俞可平．治理和善治引论［J］．马克思主义与现实，1999，（05）：37-41.

[10] Black C, Akintoye A, Fitzgerald E. An analysis of success factors and benefits of partnering in construction［J］. International journal of project management, 2000，18（6）: 423-434.

[11] 马鸿佳，肖彬，张玲．创业者调节焦点、组织间信任与新企业资源识取——有调节的中介效应［J/OL］．南方经济：1-20.

[12] 洪群联．中国先进制造业和现代服务业融合发展现状与“十四五”战略重

点［J］. 当代经济管理，2021，43（10）：74–81.

［13］王亦虹，田平野．“一带一路”倡议对中国节点城市经济增长的影响——基于284个城市的面板数据［J］. 软科学，2021，35（05）：43–49.

［14］Deckop J R, Cirka C C, Andersson L M. Doing unto others: The reciprocity of helping behavior in organizations［J］. Journal of Business Ethics, 2003，47（2）: 101–113.

［15］王雪青，许树生，徐志超．项目组织中发包人风险分担对承包人行为的影响——承包人信任与被信任感的并行中介作用［J］. 管理评论，2017，29（05）：131–142.

附　录

附录 1　模糊集定性比较分析计算过程详解

1. 原始变量数据导入与必要条件检验

发包人初始信任影响因素的必要性检验结果如附表 1–1 所示。

附表 1–1　发包人初始信任影响因素的必要性检验结果

Analysis of Necessary Conditions Outcome variable: it		
Conditions tested:		
	Consistency	Coverage
pi	0.917 293	0.783 726
~pi	0.578 947	0.693 694
pe	0.834 587	0.713 062
~pe	0.413 534	0.495 495
ra	0.746 867	0.688 222
~ra	0.749 373	0.814 714
cr	1.000 000	0.665 000
~cr	0.330 827	0.660 000
ca	0.917 293	0.644 366
~ca	0.496 241	0.853 448
ed	1.000 000	0.856 223
~ed	0.496 241	0.592 814

2. 真值表的获得

必要条件检验后，可展开进一步 fsQCA 分析。具体操作上，执行“Analyze-

Fuzzy Truth Table Algorithm”命令，菜单设定结果变量“outcome”和前因变量“causal”，点击“Run”后得到的真值表整理如附表 1–2 所示。

附表 1–2　发包人初始信任影响因素真值表

pi	pe	ra	cr	ca	ed	number	it	raw consist	PRI consist	SYM consist
1	1	0	1	1	1	2（25%）		1.000 000	1.000 000	1.000 000
1	1	1	1	1	1	1（37%）		1.000 000	1.000 000	1.000 000
1	1	1	0	0	1	1（50%）		0.660 000	0.000 000	0.000 000
1	1	0	1	1	0	1（62%）		0.744 361	0.000 000	0.000 000
0	0	1	1	1	0	1（75%）		0.829 146	0.000 000	0.000 000
0	0	1	0	1	0	1（87%）		0.660 000	0.000 000	0.000 000
0	0	0	1	1	0	1（100%）		0.795 181	0.000 000	0.000 000

真值表是软件将原编码数据转换为集合清晰隶属关系的样本值，是条件变量与结果变量之间存在的所有逻辑组合。由于 QCA 定位是小样本分析，因此理论上组合的情形不一定都能找到样本支撑。样本没有出现的组合，其出现频次数则为 0。真值表中还会计算出每一种组合的样本覆盖率（特定组合出现的样本数占总样本数的比）与一致性程度（特定组合出现时，在多大程度上能够推导出结果变量）。

3. **样本频次和一致性门槛设定**

得到真值表后，选用哪些样本数据进入条件构型组合分析，需要设定一定门槛。门槛设定分为两个方面，一是样本频次的门槛设定，即某一条件组合在真实样本中实际出现的次数。由于 QCA 方法通常适用于中小样本分析，因此样本门槛值设定为 1 及以上水平均是可以的，可根据样本数量的大小酌情增加。本研究样本数量较少，因此将样本门槛设定为 1，即没有在原始样本中出现过的组合将被删除。二是一致性门槛设定，一致性代表的是条件变量的组合对结果变量的解释力度，一致性值介于 0 ~ 1 之间，越接近 1 代表解释力度越好（fsQCA 软件会给出三个一致性数据：raw consist、PRI consist 和 SYM consist，一般以 raw consist 为准）。研究表明，一致性最低接受门槛为 0.75，一般需将门槛值设定为 0.8 等，高于 0.75 的值。

根据前文设定，执行“Edit-Delete and code”命令，遵循惯例将一致性门槛值（number）设定为“1”，一致性（consist）设定为“0.8”，点击“OK”。软件将自动执行此过程，高于 0.8 的条件组合标记为 1，视为对结果具有解释力的组合，否则标记为 0。以此选择符合特定条件的重要前因条件进入路径分析，结果如附表 1–3 所示。

附表 1–3　修正后发包人初始信任影响因素真值表

pi	pe	ra	cr	ca	ed	number	it	raw consist	PRI consist	SYM consist
1	1	1	1	1	1	1	1	1.000 000	1.000 000	1.000 000
1	1	0	1	1	1	2	1	1.000 000	1.000 000	1.000 000
0	0	1	1	1	0	1	1	0.829 146	0.000 000	0.000 000
0	0	0	1	1	0	1	0	0.795 181	0.000 000	0.000 000
1	1	0	1	1	0	1	0	0.744 361	0.000 000	0.000 000
0	0	1	0	1	0	1	0	0.660 000	0.000 000	0.000 000
1	1	1	0	0	1	1	0	0.660 000	0.000 000	0.000 000

附录 2　承包人信任感知对其互惠行为的影响

尊敬的受访者：

您好！非常感谢您于百忙之中拨冗填写此问卷！本调查问卷旨在获取工程项目实践中关于工程项目承包人信任感知、承包人互惠行为的真实数据信息，支撑本书研究承包人信任感知对其自身互惠行为的影响。本问卷共分三个部分：第一部分为答卷人背景信息，用于收集专家的背景资料；第二部分为工程项目中承包人信任感知测量；第三部分为工程项目中承包人平衡互惠行为测量。带“*”题项为必选项。

选取一个您最近完成的工程项目，并根据与发包人合作过程中的感受和真实情况作答即可。每个条目后面都有五个等级供您选择，1 ~ 5 表示由完全不同意到完全同意。我们承诺，对您填写的内容将严格保密，仅供学术研究使用。如果您有任何疑问请向调查员询问，或发邮件询问，邮箱地址：rongna951226@163.com。非常感谢您的合作！

A. 答卷人背景信息

1. 该项目单项工程投资额［单选题］*

○≤ 3 000 万元　○ 3 000 万元 ~ 1 亿元　○ 1 亿元 ~ 2 亿元　○ 2 亿元以上

2. 您所在单位所获国家工程奖项次数［单选题］*

○ 0 次　○ 1 ~ 20 次　○ 20 ~ 50 次　○ 50 ~ 100 次　○ 100 次以上

3. 您的性别［单选题］*

○男　○女

4. 您的年龄段［单选题］*

○ 18 ~ 25 岁　○ 26 ~ 30 岁　○ 31 ~ 40 岁　○ 41 ~ 50 岁　○ 51 ~ 60 岁　○ 60 岁以上

5. 您的学历［单选题］*

○本科以下　○本科　○硕士　○博士

6. 您的工作年限［单选题］*

○ 1 年以下　○ 1 ~ 3 年　○ 4 ~ 5 年　○ 6 ~ 10 年　○ 10 年以上

7. 您的职位［单选题］*

○项目经理　○商务经理　○生产经理　○其他 ________________

8. 目前您工作单位的性质［单选题］*

○央企　○国企　○民企

B. 工程项目中承包人信任感知测量

承包人信任感知是指在和发包人合作的过程中，您感知到的被发包人信任的程度。请根据您所选定项目的实际情况，给出下列各题项的得分。

9. 发包人的态度使我方感觉到自己做的工作对合作是有意义的［单选题］*

完全不同意　○ 1　○ 2　○ 3　○ 4　○ 5　完全同意

10. 发包人的态度使我方感觉到自己做的工作对自身是有意义的［单选题］*

完全不同意　○ 1　○ 2　○ 3　○ 4　○ 5　完全同意

11. 在与发包人合作过程中我方的工作是非常重要的［单选题］*

完全不同意　○ 1　○ 2　○ 3　○ 4　○ 5　完全同意

12. 合作过程中我方对自身承担的工作很有信心［单选题］*

完全不同意　○ 1　○ 2　○ 3　○ 4　○ 5　完全同意

13. 我相信我方有能力做好本职工作［单选题］*

完全不同意　○ 1　○ 2　○ 3　○ 4　○ 5　完全同意

14. 发包人在工作中需要依赖我方所掌握的技能［单选题］*

完全不同意　○ 1　○ 2　○ 3　○ 4　○ 5　完全同意

15. 我方在合作中有更多的自主机会［单选题］*

完全不同意　○ 1　○ 2　○ 3　○ 4　○ 5　完全同意

16. 我方在合作中会影响重大决策的制订［单选题］*

完全不同意　○ 1　○ 2　○ 3　○ 4　○ 5　完全同意

17. 在合作过程中我方对产生的问题有很大控制权［单选题］*

完全不同意　○ 1　○ 2　○ 3　○ 4　○ 5　完全同意

18. 我方承担的风险与签订的合同一致［单选题］*

完全不同意　○ 1　○ 2　○ 3　○ 4　○ 5　完全同意

19. 合同外发包人给予我方的奖金或非货币形式的补偿是公平的［单选题］*

完全不同意　○ 1　○ 2　○ 3　○ 4　○ 5　完全同意

20. 发包人在处理自身和我方的违约情况采用统一标准［单选题］*

完全不同意　○ 1　○ 2　○ 3　○ 4　○ 5　完全同意

21. 发包人承诺先向我方支付利益补偿再执行其指令［单选题］*

完全不同意　○ 1　○ 2　○ 3　○ 4　○ 5　完全同意

22. 发包人与我方以平等的身份互动，且充分尊重我方意见［单选题］*

完全不同意　○ 1　○ 2　○ 3　○ 4　○ 5　完全同意

23. 发包人认真考虑我方意见并及时反馈［单选题］*

完全不同意　○ 1　○ 2　○ 3　○ 4　○ 5　完全同意

24. 发包人经常向我方解释其决策意图［单选题］*

完全不同意　○ 1　○ 2　○ 3　○ 4　○ 5　完全同意

25. 发包人向我方提供提高工程效率的有效建议［单选题］*

完全不同意　○ 1　○ 2　○ 3　○ 4　○ 5　完全同意

26. 发包人鼓励我方表达想法和建议［单选题］*

完全不同意　○ 1　○ 2　○ 3　○ 4　○ 5　完全同意

27. 发包人认为我方的努力是有价值的［单选题］*

完全不同意　○ 1　○ 2　○ 3　○ 4　○ 5　完全同意

28. 合作过程中发包人兼顾我方的目标和价值实现［单选题］*

完全不同意　○1　○2　○3　○4　○5　完全同意

29. 发包人的付款节点和比例较为合理［单选题］*

完全不同意　○1　○2　○3　○4　○5　完全同意

30. 发包人关心我方在合作中的满意度［单选题］*

完全不同意　○1　○2　○3　○4　○5　完全同意

31. 发包人做决策时考虑我方利益［单选题］*

完全不同意　○1　○2　○3　○4　○5　完全同意

32. 发包人与我方签订的合同具有很大的柔性［单选题］*

完全不同意　○1　○2　○3　○4　○5　完全同意

33. 发包人对我方做出合同约定之外的贡献给予回报［单选题］*

完全不同意　○1　○2　○3　○4　○5　完全同意

34. 我方与发包人的企业文化很相似［单选题］*

完全不同意　○1　○2　○3　○4　○5　完全同意

35. 我方与发包人沟通顺畅［单选题］*

完全不同意　○1　○2　○3　○4　○5　完全同意

36. 如果您认为本部分问卷中需补充测量承包人信任感知题项，请具体说明其之所以重要的理由，并提供规范的名称、含义［填空题］

____

C. 工程项目中承包人平衡互惠行为测量

平衡互惠行为是指在与发包人合作过程中，您根据感知到的发包人信任的程度所做出的积极回报行为。请根据您对上述相关问题的感知和选定项目的实际情况，对下列题项进行打分。

37. 若发包人对我方信息公开透明，我方也不会为了获取额外利益隐瞒重要信息［单选题］*

完全不同意　○1　○2　○3　○4　○5　完全同意

38. 若发包人以平等的态度开展谈判，我方会主动提出合理化建议优化合同条款［**单选题**］*

完全不同意　○ 1　○ 2　○ 3　○ 4　○ 5　完全同意

39. 若发包人在设定重要时间节点时征求我方意见，我方也会主动配合、积极协商［**单选题**］*

完全不同意　○ 1　○ 2　○ 3　○ 4　○ 5　完全同意

40. 若发包人在合同中给予我方更多的自主权，我方会自愿付出额外努力改善整体项目绩效［**单选题**］*

完全不同意　○ 1　○ 2　○ 3　○ 4　○ 5　完全同意

41. 在感知到发包人设定的柔性合同时，我方不会利用合同漏洞进行恶意索赔［**单选题**］*

完全不同意　○ 1　○ 2　○ 3　○ 4　○ 5　完全同意

42. 若合作过程中发包人对我方显示了足够的尊重，在产生争议或索赔时我方会采用友好协商的方式解决［**单选题**］*

完全不同意　○ 1　○ 2　○ 3　○ 4　○ 5　完全同意

43. 若合同外发包人对我方风险分配合理，我方也会积极控制项目风险，抑制风险回流至发包人［**单选题**］*

完全不同意　○ 1　○ 2　○ 3　○ 4　○ 5　完全同意

44. 在遇到合同未约定或不清晰的突发事件时，若发包人有积极的处理态度，我方也会积极配合和协调［**单选题**］*

完全不同意　○ 1　○ 2　○ 3　○ 4　○ 5　完全同意

45. 若发包人能够给予我方相应的奖励，我方会提出合理化建议降低合同价格或提高工程经济效益［**单选题**］*

完全不同意　○ 1　○ 2　○ 3　○ 4　○ 5　完全同意

46. 若发包人有意补偿我方因变更产生的费用，我方会积极配合，按照业主要求实施变更［**单选题**］*

完全不同意　○ 1　○ 2　○ 3　○ 4　○ 5　完全同意

47. 若发包人承诺给予我方提前竣工的奖励，我方会提出提前竣工的建议为发包人带来效益[单选题]*

完全不同意　○1　○2　○3　○4　○5　完全同意

48. 若发包人按时主动支付工程进度款，我方会在保证工程质量的前提下加快施工进度[单选题]*

完全不同意　○1　○2　○3　○4　○5　完全同意

49. 如果您认为本部分问卷中需补充测量承包人平衡互惠行为题项，请具体说明其之所以重要的理由，并提供规范的名称、含义[填空题]

____